Greek Stories

GREEK STORIES

A GCSE Reader

John Taylor

Kristian Waite

Bristol Classical Press

First published in 2012 by
Bristol Classical Press
an imprint of
Bloomsbury Academic
Bloomsbury Publishing Plc
50 Bedford Square
London WC1B 3DP, UK

CIP records for this book are available from the
British Library and the Library of Congress

ISBN 9781780932125

Printed and bound in Great Britain by
MPG Books Group

www.bloomsburyacademic.com

Contents

Preface

Greek Stories offers 100 passages of manageable length, chosen for their intrinsic interest and adapted from a wide variety of ancient sources. They are intended to increase fluency in oral and written translation, and to provide practice for GCSE. The book aims to fulfil a perceived need for self-contained reading material suitable for this level. It is designed to be accessible regardless of which Greek course students are using. We hope too that the collection may be attractive to older students beginning or returning to Greek.

Section 1 provides thirty passages, starting with very simple stories and building up to the level of the current OCR GCSE paper *Language 1* (B401). Section 2 provides twenty exercises for comprehension and translation, broadly in the style of *Language 1* papers (using stories from mythology). Sections 1 and 2 assume the prescribed vocabulary for B401 (about 300 words); everything else is glossed. Sections 1 and 2 stick also to the grammar tested in that paper, except that a few relative clauses are used. Section 3 provides thirty passages at the level of the GCSE paper *Language 2* (B402), with its more demanding vocabulary and grammar requirements. Section 4 provides twenty exercises for comprehension and translation, in the style of *Language 2* papers (using stories from Greek history). Sections 3 and 4 in turn assume the prescribed vocabulary for B402 (about 375 words), and again everything else is glossed. Kristian Waite has mainly contributed passages to Sections 1 and 3, and John Taylor to Sections 2 and 4.

A few passages, mostly in Sections 1 and 3 (and listed in the Appendix), are adapted from previous GCSE papers: we are indebted to Lloyd Jeeves and Sarah McPhee at OCR for permission to use these. Thanks are due to Henry Cullen and to Bruce McCrae for reading the text and making many corrections and useful suggestions. We are grateful to Deborah Blake and her successor Charlotte Loveridge at BCP/Bloomsbury for their help.

John Taylor
Kristian Waite

Abbreviations

acc	accusative
aor	aorist
dat	dative
f	feminine
fut	future
gen	genitive
impf	imperfect
inf	infinitive
irreg	irregular
m	masculine
n	neuter
nom	nominative
pass	passive
pl	plural
pple	participle
sg	singular
voc	vocative

Glossing

Glossed words are underlined each time they occur. Hyphenation for abbreviated forms follows the normal convention of replacing the last syllable of the headword with the ending given after the hyphen.

Section 1

1 *The wolf and the crane*

ὁ δὲ <u>λύκος</u> <u>ὀστέον</u> ἐν τῷ <u>λαιμῷ</u> ἔχων <u>ἐπνίγετο</u>.
<u>μεταπεμψάμενος</u> οὖν τὴν <u>γέρανον</u>, ἣ <u>αὐχένα</u> <u>μακρὸν</u> ἔχει,
ἤτησε τὸ <u>ὀστέον</u> ἐξαιρεῖν. "καὶ τοῦτο ποιήσασα" ἔφη "καλὸν
ἆθλον δέξῃ." ἡ οὖν <u>γέρανος</u> ἐξεῖλε τὸ <u>ὀστέον</u>· ἔπειτα δὲ
5 ἤτησε τὸ ἆθλον. ἀλλὰ ὁ <u>λύκος</u> <u>γελάσματι</u> εἶπεν "<u>ἀχάριστος</u>
εἶ, ὦ <u>γέρανε</u>, διότι καλὸν ἆθλον ἤδη ἔχεις. ἐγὼ μὲν γὰρ τὴν
σὴν κεφαλὴν ἐν τῷ <u>στόματι</u> εἶχον· σὺ δὲ <u>ἀσφαλῶς</u> ἀπῆλθες."

Vocabulary

	λύκος -ου, ὁ	wolf
	ὀστέον -ου, τό	bone
	λαιμός -οῦ, ὁ	throat, gullet
	πνίγομαι	I choke
2	μεταπέμπομαι	
	aor μετεπεμψάμην	I send for
	γέρανος -ου, ἡ	crane *(wading bird)*
	αὐχήν -ένος, ὁ	neck
	μακρός -ά -όν	long
5	γέλασμα -ατος, τό	laugh
	ἀχάριστος -ον	ungrateful
	στόμα -ατος, τό	mouth
	ἀσφαλῶς	safely

2 The lion and the mouse

μῦς τις λέοντα καθεύδοντα τύχῃ ἤγειρεν. καὶ ὁ λέων τὸν μῦν
αἰσθόμενος ἔλαβεν ἵνα φάγοι. ὁ δὲ μῦς μέλλων ἀποθανεῖσθαι
τάδε εἶπεν· "ὦ λέον, μή ἀπόκτεινέ με. ἐγὼ γὰρ σωθείς ποτε
βοηθήσω σοι." ὁ οὖν λέων γελάσματι ἔλυσεν αὐτόν. ὕστερον
5   δὲ ὁ λέων αὐτὸς ὑπὸ κυνηγετῶν ληφθεὶς ἐν δικτύῳ
ἐφυλάσσετο. ὁ δὲ μῦς, τὰς βοὰς αὐτοῦ ἀκούσας, ᾔσθετο τὸν
λέοντα ἐν κινδύνῳ ὄντα. προσελθὼν οὖν διέτραγε τὸ δίκτυον,
καὶ οὕτως ἔσωσε τὸν λέοντα.

Vocabulary

	μῦς μυός, ὁ	mouse
	λέων -οντος, ὁ	lion
	ἐγείρω *aor* ἤγειρα	I wake (someone) up
	ποτε	someday
4	γέλασμα -ατος, τό	laugh
	κυνηγέτης -ου, ὁ	hunter
	δίκτυον -ου, τό	net
	φυλάσσω	I guard
	διατρώγω *aor* διέτραγον	I gnaw through

3 *The oak tree and the reeds*

δρῦς ὑπὸ τοῦ ἀνέμου εἰς ποταμὸν ἐβλήθη. καὶ φερομένη κατὰ
τὸν ποταμόν, τοῖς καλάμοις "διὰ τί" ἔφη "ὑμεῖς μὲν μικροὶ
καὶ ἀσθενεῖς ὄντες οὐ βλάπτεσθε, ἐγὼ δὲ ἰσχυρὰ καὶ μεγάλη
οὖσα οὕτω διαφθείρομαι;" οἱ δὲ κάλαμοι τῷ δένδρῳ εἶπον "σὺ
5 μὲν τοῖς ἀνέμοις μάχῃ, καὶ διὰ τοῦτο καταβάλλῃ. ἥμεις δὲ
εἴκομεν αὐτοῖς· οὕτως οὖν οὐδὲν κακὸν πάσχομεν."

Vocabulary

δρῦς δρυός, ἡ	oak
κάλαμος -ου, ὁ	reed
εἴκω	I yield, I give way

4   *The North wind and the Sun*

ὁ <u>Βορέας</u> καὶ ὁ <u>Ἥλιος</u> <u>διαφορὰν</u> εἶχον· <u>ἑκάτερος</u> γὰρ
ἐνόμιζεν ἰσχυρότερος εἶναι. ἄνθρωπον δέ τινα αἰσθόμενος
<u>ἱμάτιον</u> ἔχοντα, ὁ <u>Ἥλιος</u> "διὰ τί" ἔφη "οὕτω λέγομεν; <u>ἰδού</u>,
ἐκεῖ ἄνθρωπός ἐστιν <u>ἱματίον</u> ἔχων. <u>ἀπόδυε</u> οὖν τὸ <u>ἱμάτιον</u>
αὐτοῦ, καὶ τὴν νίκην ἕξεις." ὁ οὖν <u>Βορέας</u> ἰσχυρῶς <u>ἔπνευσεν</u>,
ἀλλὰ οὐχ οἷός τ' ἦν <u>ἀποδύειν</u> τὸ <u>ἱμάτιον</u>· ὁ γὰρ ἄνθρωπος διὰ
τὸν ἄνεμον μᾶλλον <u>ἐνεκάλυψεν</u> ἑαυτὸν ἐν τῷ <u>ἱματίῳ</u>.
παυσαμένου δὲ τοῦ <u>Βορέου</u>, ὁ <u>Ἥλιος</u> ἐξῆλθεν. ὁ οὖν
ἄνθρωπος, <u>θερμὸς</u> γενόμενος, τὸ <u>ἱμάτιον</u> ἀπέβαλεν.

Names

Βορέας -ου, ὁ	the North wind
Ἥλιος -ου, ὁ	the Sun

Vocabulary

διαφορά -ᾶς, ἡ	argument
ἑκάτερος -α -ον	each *(of two)*
ἱμάτιον -ου, τό	cloak
ἰδού	look!
4 ἀποδύω	I remove
πνέω *aor* ἔπνευσα	*(here)* I blow
ἐγκαλύπτω *aor* ἐνεκάλυψα	I wrap
θερμός -ή -όν	hot

5 *The boy and the wolf*

παῖς τις ἐφύλασσε πρόβατα ἐν τοῖς ἀγροῖς ἔξω τῆς
πόλεως. παίζειν δὲ βουλόμενος, βοῇ ἤγγειλε τοῖς πολίταις
"ὦ πολῖται, ὡς τάχιστα βοηθεῖτε. λύκος γὰρ ἐγγύς ἐστι καὶ
τὰ πρόβατα διώκει." οἱ οὖν πολῖται, ταῦτα ἀκούσαντες,
5 ταχέως ἐκ τῆς πόλεως ἐξῆλθον. ἀφικόμενοι δὲ πρὸς τοὺς
ἀγρούς, οὐδένα λύκον ηὗρον. εἶπον οὖν τῷ παιδί "ποῦ ἐστιν ὁ
λύκος;" ὁ δὲ παῖς, μετὰ τῶν προβάτων καθίζων, γελάσματι
μόνον ἀπεκρίνατο. καὶ οἱ πολῖται ὀργισθέντες ἀπῆλθον.
ὕστερον δὲ ὁ λύκος ὄντως προσέβη. ὁ οὖν παῖς, ὥσπερ καὶ
10 πρότερον, βοῇ ἤγγειλεν "λύκος τὰ πρόβατα βλάπτει." ἀλλὰ
οἱ πολῖται οὐκ ἦλθον· ἐνόμιζον γὰρ τὸν παῖδα αὖθις παίζειν.
ὁ οὖν λύκος ἀπέκτεινε τὰ πρόβατα καὶ τὸν παῖδα αὐτόν.

Vocabulary

	φυλάσσω	I guard, I look after
	πρόβατα -ων, τά	sheep
	ἔξω	outside *(+ gen)*
	παίζω	I play a trick
3	λύκος -ου, ὁ	wolf
	ἐγγύς	nearby
	γέλασμα -ατος, τό	laugh
	ὄντως	really, in fact
	ὥσπερ	just as

6 *The fox and the crow*

ὁ κόραξ, κρέας ἔχων, ἐν δένδρῳ ἐκάθιζεν. ἡ δὲ ἀλώπηξ
προσβαίνουσα ᾔσθετο τὸν κόρακα καὶ τὸ κρέας. "θαυμάζω
σε, ὦ κόραξ," ἔφη "ὡς κάλλιστον ὄντα. δικαίως οὖν λέγουσιν
ὅτι βασιλεὺς εἶ τῶν ὀρνίθων. ἀλλὰ οὐδέποτε ἤκουσά σου
5 ἀείδοντος. ἆρα καλὴν φωνὴν ἔχεις;" καὶ οὕτω θωπευόμενος ὁ
κόραξ ἀείδειν ἤρχετο, τὸ κρέας ἐκ τοῦ στόματος καταβαλών.
ἡ οὖν ἀλώπηξ τὸ κρέας λαβοῦσα "ὦ κόραξ," ἔφη "καλὴν μὲν
φωνὴν ἔχεις, κακὴν δὲ γνώμην."

Vocabulary

	κόραξ -ακος, ὁ	crow
	κρέας, τό (irreg)	piece of meat
	ἀλώπηξ -εκος, ἡ	fox
	ὄρνις -ιθος, ὁ/ἡ	bird
5	ἀείδω	I sing
	θωπεύω	I flatter
	στόμα -ατος, τό	mouth
	καταβάλλω *aor* κατέβαλον	I drop
	γνώμη -ης, ἡ	sense, judgement

7 The sick lion and the fox

ὁ δὲ <u>λέων</u> ἤδη <u>γεραιὸς</u> ἐγένετο, ὥστε οὐχ οἷός τ' ἦν σῖτον
ἑαυτῷ παρέχειν. ἔμενεν οὖν ἐν τῷ <u>σπηλαίῳ</u>, λέγων ὅτι νόσον
ἔχει. καὶ τοῦτο ἀκούσαντα πολλὰ τῶν <u>ζώων</u> πρὸς τὸ <u>σπήλαιον</u>
ἔβαινεν. ὁ δὲ <u>λέων</u> τὰ εἰσελθόντα ἤσθιεν. ἡ δὲ <u>ἀλώπηξ</u>, διότι
5 ἔγνω τὸ ἀληθές, οὐκ εἰσῆλθεν ἀλλὰ πρὸ τοῦ <u>σπηλαίου</u>
ἔμεινεν. ἔπειτα δὲ τῷ <u>λέοντι</u> "ὦ δέσποτα," ἔφη "<u>πῶς ἔχεις</u>;"
ὁ δὲ <u>λέων</u> τάδε ἀπεκρίνατο· "ἐγὼ δὴ δεινὰ πάσχω. ἀλλὰ διὰ τί
οὐκ εἰσβαίνεις;" ἡ δὲ <u>ἀλώπηξ</u> "ἐνθάδε μένειν βούλομαι" ἔφη
"διότι <u>ἴχνη</u> αἰσθάνομαι πολλῶν μὲν εἰσιόντων, ἐξιόντος δὲ
10 οὐδενός."

Vocabulary

	λέων -οντος, ὁ	lion
	γεραιός -ά -όν	old
	σπήλαιον -ου, τό	cave
	ζῷον -ου, τό	animal
4	ἀλώπηξ -εκος, ἡ	fox
	πῶς ἔχεις;	how are you?
	ἴχνος -ους, τό	footprint

8 *The fox and the goat*

ἀλώπηξ τις τύχῃ εἰς φρέαρ πεσοῦσα οὐχ οἷα τ' ἦν ἐκφυγεῖν.
καὶ δι' ὀλίγου τράγος προσέβη, δίψιος ὤν. τὴν οὖν ἀλώπεκα
ἐν τῷ φρέατι αἰσθόμενος "ἆρα ἀγαθόν ἐστιν" ἔφη "τὸ ὕδωρ;"
ἐπεὶ δὲ ἡ ἀλώπηξ εἶπεν ὅτι ἄριστόν ἐστιν, ὁ τράγος εἰς τὸ
5   φρέαρ κατέβη. καὶ πολὺ ὕδωρ πιὼν ἐβούλετο αὖθις
ἀναβαίνειν· ἀλλὰ οὐχ οἷός τ' ἦν. ἡ οὖν ἀλώπηξ "βουλὴν ἔχω"
ἔφη "ἣ ἡμᾶς σώσει." ὁ δὲ τράγος αὐτὴν ἐκέλευσε τὴν βουλὴν
λέγειν. καὶ ἡ ἀλώπηξ οὕτως ἀπεκρίνατο· "πρῶτον μὲν ἐγώ,
τῷ σῷ σώματι καὶ τοῖς κέρασι χρωμένη, ἐκ τοῦ φρέατος
10 ἀναβαίνειν οἷά τ' ἔσομαι. ἔπειτα δὲ βοηθήσω σοι ἵνα
ἀσφαλῶς ἐκφύγοις." ἀλλὰ ἡ ἀλώπηξ, καίπερ αὐτὴ ἀνάβασα
καὶ σωθεῖσα, τὸν τράγον ἐν τῷ φρέατι ἔλιπεν.

Vocabulary

	ἀλώπηξ -εκος, ἡ	fox
	φρέαρ -ατος, τό	well
	ἐκφεύγω *aor* ἐξέφυγον	I escape
	τράγος -ου, ὁ	goat
2	δίψιος -α -ον	thirsty
	κέρατα -ων, τά	horns
	χρώμενος -η -ον	using *(+ dat)*

15

9   *The lion in love*

ὁ δὲ <u>λέων</u> ἐφίλει τὴν βασιλέως τινὸς θυγατέρα. ἤτησεν οὖν
τὸν πατέρα <u>δοῦναι</u> αὐτὴν ὡς γυναῖκα. ὁ δὲ βασιλεύς, διότι
τὸν <u>λέοντα</u> ἐμίσει, "ἐγὼ μέν" ἔφη "νομίζω σε <u>νυμφίον</u> ἄξιον
εἶναι· ἡ δὲ θυγάτηρ φοβεῖται τοὺς σοὺς <u>ὄνυχας</u> καὶ <u>ὀδόντας</u>."
5   καὶ ἤτησε τὸν <u>λέοντα</u> τοὺς <u>ὄνυχας</u> <u>ἀποτέμνειν</u> καὶ τοὺς
<u>ὀδόντας</u> ἐξαιρεῖν. ὁ δὲ <u>λέων</u> ταῦτα ἀκούσας ἐθαύμασεν. ἀλλὰ
ἔδοξεν αὐτῷ τὰ κελευσθέντα ποιεῖν, διότι τὴν παῖδα μάλιστα
ἐφίλει. τοὺς οὖν <u>ὄνυχας</u> <u>ἀπέτεμεν</u> καὶ τοὺς <u>ὀδόντας</u> ἐξεῖλεν.
ἔπειτα δὲ αὖθις ἤτησε τὸν βασιλέα τὴν θυγατέρα <u>δοῦναι</u>.
10   ἀλλὰ ὁ βασιλεὺς τὸν <u>λέοντα</u> ἀσθενῆ ἤδη γενόμενον ῥᾳδίως
ἀπέκτεινεν.

Vocabulary

	λέων -οντος, ὁ	lion
	δοῦναι *(irreg inf)*	to give
	νυμφίος -ου, ὁ	bridegroom
	ὄνυξ -υχος, ὁ	claw
4	ὀδούς -όντος, ὁ	tooth
	ἀποτέμνω *aor* ἀπέτεμον	I cut off

10   *The lion, the wolf and the fox*

ὁ δὲ <u>λέων</u>, <u>γεραιὸς</u> ὤν, <u>ἐνόσει</u>· ὥστε ἐν τῷ <u>σπηλαίῳ</u> ἔμενεν.
πάντα οὖν τὰ <u>ζῷα</u> πρὸς τὸ <u>σπήλαιον</u> προσῆλθεν, πλὴν τῆς
<u>ἀλώπεκος</u>. ὁ οὖν <u>λύκος</u> <u>ἐλοιδόρησε</u> τὴν <u>ἀλώπεκα</u>, τοῦ <u>λέοντος</u>
ἀκούοντος. "ἡ <u>ἀλώπηξ</u>" ἔφη "οὐ <u>πάρεστι</u> διότι οὐκ <u>αἰδεῖται</u>
5 τὸν βασιλέα ἡμῶν." ἀλλὰ τοῦ <u>λύκου</u> τοῦτο λέγοντος ἀφίκετο ἡ
<u>ἀλώπηξ</u>, πάντα ἀκούσασα. καὶ διότι ὁ <u>λέων</u> ὀργίζεσθαι
ἐφαίνετο, ἡ <u>ἀλώπηξ</u> τάδε <u>ἀπολογουμένη</u> εἶπεν· "ὦ βασιλεῦ,
<u>ὀψὲ</u> ἀφίκομην ὡς <u>θεραπείαν</u> σοι πολὺν χρόνον ζητήσασα.
τέλος δὲ ἰατρὸν σοφὸν ηὗρον, ὃς τὴν <u>θεραπείαν</u> παρέσχεν."
10 ὁ οὖν <u>λέων</u> ἐκέλευσε τὴν <u>ἀλώπεκα</u> τὴν <u>θεραπείαν</u> εὐθὺς
εἰπεῖν. ἡ δὲ τάδε ἀπεκρίνατο· "δεῖ σε, ὦ βασιλεῦ, <u>λύκον</u> τινὰ
<u>ἀποκτείνειν</u>. τοῦτο γὰρ ποιήσας, <u>ὑγιεινὸς</u> αὖθις γενήσῃ."

Vocabulary

	λέων -οντος, ὁ	lion
	γεραιός -ά -όν	old
	νοσέω	I am ill
	σπήλαιον -ου, τό	cave
2	ζῷον -ου, τό	animal
	ἀλώπηξ -εκος, ἡ	fox
	λύκος -ου, ὁ	wolf
	λοιδορέω *aor* ἐλοιδόρησα	I insult
	πάρειμι	I am here, I am present
4	αἰδέομαι	I respect
	ἀπολογέομαι	I defend myself
	ὀψέ	late
	θεραπεία -ας, ἡ	treatment, cure
	ὑγιεινός -ή -όν	healthy, well

11   *The miser and his gold*

ἦν <u>ποτε</u> <u>φιλάργυρός</u> τις ὅς πολὺν χρυσὸν <u>ὑπὸ</u> δένδρῳ ἔθαψεν.
ἀλλὰ πολλάκις <u>ἐξώρυξε</u> τὰ χρήματα ἵνα <u>ἐφήδοιτο</u> οὕτω
πλούσιος ὤν· ἔπειτα δὲ αὖθις ἔθαψεν. ἀλλὰ δι' ὀλίγου
<u>κλέπτης</u>, αἰσθόμενος αὐτὸν τοῦτο ποιοῦντα, <u>ἐξώρυξε</u> τὸν
5   χρυσὸν καὶ λαβὼν ἔφυγεν. ἐπεὶ οὖν ὁ <u>φιλάργυρος</u> <u>ἐπανῆλθεν</u>,
<u>ὄρυγμα</u> μόνον ηὗρεν, τοῦ χρυσοῦ κλαπέντος. καὶ πολὺν
χρόνον ἐδάκρυεν. τότε δὲ <u>γείτων</u> τις προσέβη· ἀκούσας δὲ τί
ἐγένετο, "<u>θάρρει</u>, ὦ φίλε·" ἔφη "δεῖ σε ποιεῖν τόδε. <u>λίθον</u> <u>ὑπὸ</u>
τῷ δένδρῳ θάψας, νόμιζε χρυσὸν εἶναι. τὸν γὰρ χρυσὸν ἔχων
10   οὐδέποτε <u>ἀνήλωσας</u>· ὁ οὖν <u>λίθος</u> <u>ὁμοίως</u> <u>χρήσιμος</u> ἔσται."

Vocabulary

	ποτε	once
	φιλάργυρος -ου, ὁ	miser
	ὑπό	under *(+ dat)*
	ἐξορύσσω *aor* ἐξώρυξα	I dig up
2	ἐφήδομαι	I gloat
	κλέπτης -ου, ὁ	thief
	ἐπανέρχομαι *aor* ἐπανῆλθον	I return
	ὄρυγμα -ατος, τό	hole
	γείτων -ονος, ὁ	neighbour
8	θάρρεω	I cheer up
	λίθος -ου, ὁ	stone
	ἀναλίσκω *aor* ἀνήλωσα	I spend
	ὁμοίως	equally
	χρήσιμος -η -ον	useful

12   Hermes and the woodcutter

ὑλουργός τις ἐγγὺς τοῦ ποταμοῦ δένδρα κόπτων τύχῃ τὸν
πέλεκυν εἰς τὸ ὕδωρ κατέβαλεν. ὁ δὲ ὑλουργὸς γέρων ἦν, καὶ
ὁ ποταμὸς βαθύς. πολὺν οὖν χρόνον ἐκάθιζε δακρύων, οὐδένα
ἄλλον βίοτον ἔχων. ἔπειτα δὲ ὁ Ἑρμῆς προσέβη, καὶ τὸν
5 λόγον ἀκούσας ᾤκτειρε τὸν γέροντα. ὁ οὖν θεὸς εἰς τὸν
ποταμὸν κατεκολύμβησεν, καὶ ἀνῆλθε πέλεκυν χρύσεον ἔχων.
καὶ τῷ γέροντι "ἆρα ὅδε" ἔφη "ὁ πέλεκύς ἐστιν ὃν
κατέβαλες;" ἀλλὰ ὁ ὑλουργὸς ἀληθῶς εἶπεν ὅτι οὔκ ἐστιν ὁ
ἑαυτοῦ πέλεκυς. ἔπειτα δὲ ὁ Ἑρμῆς εἰς τὸ ὕδωρ αὖθις
10 καταβὰς ἀνήνεγκε πέλεκυν ἀργύρεον. "οὗτος ὁ πέλεκυς"
ἔφη ὁ γέρων "οὔκ ἐστιν ἐμός." τέλος δὲ ὁ θεὸς ἐκ τρίτου
καταβὰς τὸν τοῦ ὑλουργοῦ πέλεκυν ἀληθῶς ἀνήνεγκεν· καὶ ὁ
γέρων μετὰ χάριτος ἐδέξατο. τέλος δὲ ὁ Ἑρμης, μαθὼν
αὐτὸν δίκαιον ὄντα, δῶρον ἔδωκε τῶν ἄλλων πελεκέων.

Names

Ἑρμῆς -οῦ, ὁ	Hermes *(the messenger god)*

Vocabulary

	ὑλουργός -οῦ, ὁ	woodcutter
	ἐγγύς	near *(+ gen)*
	πέλεκυς -εως, ὁ	axe
	καταβάλλω *aor* κατέβαλον	I drop
3	βαθύς -εῖα -ύ	deep
	βίοτος -ου, ὁ	livelihood, way of making a living
	οἰκτείρω *aor* ᾤκτειρα	I pity
	κατακολυμβάω	
	aor κατεκολύμβησα	I dive
6	χρύσεος -α -ον	(made of) gold
	ἀργύρεος -α -ον	(made of) silver
	ἐκ τρίτου	for the third time
	χάρις -ιτος, ἡ	gratitude
	ἔδωκε *(irreg aor)*	(he) gave

13 The thief and his mother

παῖς τις τὸ τοῦ φίλου <u>πινάκιον</u> ἔκλεψεν. ἐπεὶ δὲ <u>οἴκαδε</u>
<u>ἐπανῆλθεν</u>, ἡ μήτηρ οὐκ ἐκόλασεν αὐτὸν ἀλλὰ τὸν <u>δόλον</u>
<u>ἐπῄνεσεν</u>. ὕστερον δὲ ὁ παῖς <u>ἱμάτιον</u> ἔλαβεν, καὶ ἡ μήτηρ
ἔτι μᾶλλον <u>ἐπῄνεσεν</u> αὐτόν. ὁ δὲ υἱὸς νεανίας γενόμενος
5   πολλὰ ἄδικα ἐν τῇ πόλει ἐποίει. τέλος δε ὑπὸ τῶν πολιτῶν
ἐλήφθη ἔργον δεινότατον πράσσων. καὶ οἱ ἄρχοντες
ἀπήγαγον αὐτὸν ἵνα θανάτῳ κολάσειαν. ὁ δὲ νεανίας
ἀπαγόμενος τὴν μητέρα ἐν τῷ <u>ὄχλῳ</u> ᾔσθετο. "βούλομαι" ἔφη
"λόγους τινὰς εἰς τὰ τῆς μήτρος <u>ὦτα</u> λέγειν." καὶ ἐκάλεσαν
10   τὴν γυναῖκα. ἔπειτα δὲ ὁ νεανίας <u>ἀπέδακε</u> τὸ <u>οὖς</u> αὐτῆς.
καὶ ἡ μήτηρ ὀργιζομένη ἐδάκρυσεν, ἀλλὰ ὁ υἱός "ἔδει σε
τότε κολάζειν με, ἐπεὶ πρῶτον τὸ <u>πινάκιον</u> ἔκλεψα. νῦν δέ,
διότι τοῦτο οὐκ ἐποίησας, ἐγω θανάτῳ κολασθησόμενος οὕτω
κολάζω καί σε."

Vocabulary

	πινάκιον ου, τό	writing-tablet
	οἴκαδε	home
	ἐπανέρχομαι *aor* ἐπανῆλθον	I return
	δόλος -ου, ὁ	cunning, trickery
4	ἐπαινέω *aor* ἐπήνεσα	I praise
	ἱμάτιον -ου, τό	cloak
	ὄχλος -ου, ὁ	crowd
	οὖς ὠτός, τό	ear
	ἀποδάκνω *aor* ἀπέδακον	I bite a piece off

14 *A middle-aged romantic loses his hair.*

ἦν ποτε Ἀθηναῖός τις ἔξηβος. ἤθελε δὲ τοὺς ἄλλους πολίτας
νομίζειν ἑαυτὸν ἔτι νεανίαν εἶναι. καὶ πολλὰ χρήματα τύχῃ
δεξάμενος μετὰ τὸν τοῦ πατρὸς θάνατον, τούτοις χρώμενος
ἔπρασσεν ὥσπερ νεανίας ἔτι ὤν· πολλάκις γὰρ πρὸς ἑορτὰς
5 ἔβαινε, νέαν ἐσθῆτα ἔχων, καὶ πολὺν οἶνον ἀεὶ ἔπινεν.

οὗτος δύο φίλας εἶχεν· τὴν μὲν παλαιτέραν, τὴν δὲ νέαν.
ἐπεὶ μὲν πρὸς τὴν τῆς παλαιτέρας οἰκίαν ἦλθεν, αὕτη ἀεὶ
ἔτιλλε τὰς τρίχας τὰς μελαίνας. ἐπεὶ δὲ πρὸς τὴν τῆς νέας
οἰκίαν ἦλθεν, ἥδε ἀεὶ ἔτιλλε τὰς τρίχας τὰς πολιάς. ὁ οὖν
10 ἀνὴρ δι᾽ ὀλίγου πάντως φαλακρὸς ἐγένετο, ὥσπερ ᾠόν.

Vocabulary

	ποτε	once
	ἔξηβος -ον	middle-aged
	χρώμενος -η -ον	using *(+ dat)*
	ὥσπερ	as if, just like
4	ἑορτή -ῆς, ἡ	festival
	ἐσθής -ῆτος, ἡ	clothes
	φίλη -ης, ἡ	girlfriend
	παλαίτερος -α -ον	older
	τίλλω	I pluck out
8	τρίχες -ων, αἱ	hairs
	μέλας -αινα -αν	black
	πολιός -ά -όν	grey
	πάντως	completely
	φαλακρός -ά -όν	bald
10	ᾠόν -οῦ, τό	egg

15 The death of Aeschylus

ὁ δὲ Αἴσχυλος Ἀθηναῖος ἦν, καὶ ποιητὴς ἄριστος· πολλὰ
δράματα ἔγραψεν, καὶ διὰ ταῦτα πολλὰ ἆθλα ἐν τῇ πόλει
ἐδέξατο. ἐπεὶ δὲ γέρων ἐγένετο, φαλακρὸς ἦν. τότε δὲ πρὸς
τὴν Σικελίαν ἔπλευσεν· καὶ διότι ἐφίλει τὴν νῆσον, πολὺν
5 χρόνον ἐκεῖ ἔμενεν. ἐπεὶ δέ ποτε ἐν τοῖς ἀγροῖς περιεπάτει,
ἀετός τις ἐν τῷ οὐρανῷ ἐπέτετο. ὁ δὲ ἀετὸς χελώνην ἐν τοῖς
ὄνυξιν εἶχεν. ἐβούλετο γὰρ τὴν χελώνην ἐσθίειν, ἀλλὰ διὰ τὸ
δέρμα οὐχ οἷός τ' ἦν. αἰσθόμενος δὲ τὴν τοῦ Αἰσχύλου
κεφαλὴν φαλακρὰν οὖσαν, ἐνόμιζε λίθον εἶναι. κατέβαλεν οὖν
10 τὴν χελώνην ἐπὶ τὴν τοῦ ποιητοῦ κεφαλήν, βουλόμενος
συντρίβειν τὸ δέρμα. ἡ δὲ χελώνη πεσοῦσα ἀπέκτεινε τὸν
Αἴσχυλον.

Names

Αἴσχυλος -ου, ὁ	Aeschylus
Σικελία -ας, ἡ	Sicily

Vocabulary

	ποιητής -οῦ, ὁ	poet
	δρᾶμα -ατος, τό	play
	φαλακρός -ά -όν	bald
	ποτε	once
5	περιπατέω	I walk around
	ἀετός -οῦ, ὁ	eagle
	οὐρανός -οῦ, ὁ	sky
	πέτομαι	I fly
	χελώνη -ης, ἡ	tortoise
7	ὄνυξ -υχος, ὁ	claw
	δέρμα -ατος, τό	shell
	λίθος -ου, ὁ	stone
	καταβάλλω aor κατέβαλον	I drop
	συντρίβω	I smash

16 *A description of a boring man who never stops talking*

ὁ δὲ <u>ἀδολέσχης</u> λέγει πολλοὺς μὲν λόγους, οὐδὲν δὲ σοφόν.
καὶ αἰσθόμενός τινα εἰς τὴν ἀγορὰν βαίνοντα, εὐθὺς
προσέρχεται ἵνα <u>διαλέγηται</u>, καίπερ πολλάκις τὸν ἄνθρωπον
οὐ πρότερον γνούς. "<u>χαῖρε</u>, ὦ φίλε," λέγει ὁ <u>ἀδολέσχης</u>
5 "πόθεν ἦλθες;" τοῦ δὲ ξένου ἀποκρινομένου, οὐκ ἀκούων ἄλλο
τι λέγει· "ἡ ἐμὴ γυνὴ καλή ἐστιν." ὁ μὲν οὖν ξένος μάλιστα
βούλεται φεύγειν, ὁ δὲ <u>ἀδολέσχης</u> οὐ παύεται περὶ τοῦ
ἑαυτοῦ βίου λέγων· "ἐγὼ τῆς νυκτὸς δεινὸν <u>ἐνύπνιον</u> εἶχον."
ὁ δὲ ξένος, ἤδη ὀργιζόμενος, κέλευει αὐτὸν <u>σιγὴν ἔχειν</u>.
10 ἀλλὰ ὁ <u>ἀδολέσχης</u> οὐκ ἀκούει αὐτοῦ διότι ἀγγέλλει τοὺς νῦν
ἀδικωτέρους εἶναι τῶν <u>πάλαι</u>.

Vocabulary

	ἀδολέσχης -ου, ὁ	bore, boring man
	διαλέγομαι	I have a conversation
	χαῖρε	greetings!
	ἐνύπνιον -ου, τό	dream
9	σιγὴν ἔχω	I keep silent
	πάλαι	of old, in the past

17 *Priam receives an ominous warning about his son Paris.*

ὁ δὲ <u>Πρίαμος</u> βασιλεὺς ἦν τῆς <u>Τροίας</u>, καὶ ῾<u>Εκάβη</u> ἡ γυνὴ
αὐτοῦ. πολλοὺς δὲ υἱοὺς εἶχον, ὧν ὁ ῞Εκτωρ <u>πρεσβύτατος</u> ἦν.
ἐπεὶ δὲ ἡ ῾Εκάβη αὖθις <u>ἔγκυος</u> ἦν, τάδε τὰ δεινὰ ἐν <u>ὀνείρῳ</u>
ἔμαθεν· "υἱὸν ἕξεις ὃς τὴν <u>Τροίαν</u> διαφθερεῖ." καὶ δι' ὀλίγου
5   ἡ ῾<u>Εκάβη</u> <u>ἔτεκε</u> τὸν <u>Πάριδα</u>. ὁ οὖν <u>Πρίαμος</u>, διὰ τὸ <u>ὄνειρον</u>,
ἐκέλευσε τὸν παῖδα καίπερ καλὸν ὄντα ἐν τοῖς ὄρεσι
λείπεσθαι. <u>ποιμὴν</u> δέ τις τὸν <u>Πάριδα</u> εὑρὼν μετὰ τῶν ἑαυτοῦ
παίδων <u>ἔτρεφεν</u>. καὶ νεανίας γενόμενος ὁ <u>Πάρις</u> αὐτὸς τὰ
<u>πρόβατα</u> ἐν τοῖς ἀγροῖς <u>ἐφύλασσεν</u>. τότε δὲ ὑπὸ τοῦ Διὸς
10   ἐκελεύσθη τὰς θεὰς ἐν <u>ἁμίλλῃ</u> <u>κρίνειν</u>· καὶ ἡ ᾿<u>Αφροδίτη</u> τὸ
ἆθλον ἐδέξατο. ὕστερον δὲ ὁ <u>Πάρις</u> ἔπλευσεν εἰς τὴν
<u>Σπάρτην</u> καὶ τὴν ῾<u>Ελένην</u> ἀπήγαγεν.

Names

	Πρίαμος -ου, ὁ	Priam
	Τροία -ας, ἡ	Troy
	῾Εκάβη -ης, ἡ	Hecuba
	῞Εκτωρ -ορος, ὁ	Hector
5	Πάρις -ιδος, ὁ	Paris
	᾿Αφροδίτη -ης, ἡ	Aphrodite *(goddess of love)*
	Σπάρτη -ης, ἡ	Sparta *(city in southern Greece)*
	῾Ελένη -ης, ἡ	Helen

Vocabulary

	πρεσβύτατος -η -ον	eldest
	ἔγκυος -ον	pregnant
	ὄνειρον -ου, τό	dream
	τίκτω *aor* ἔτεκον	I give birth to
7	ποιμήν -ένος, ὁ	shepherd
	τρέφω	I bring up
	πρόβατα -ων, τά	sheep
	φυλάσσω	I guard, I look after
	ἄμιλλα -ης, ἡ	contest
10	κρίνω	I judge

18 *When the Greek army is assembled at Aulis, Agamemnon is told he must sacrifice his daughter Iphigenia before they can sail to Troy.*

οἱ δὲ τῶν Ἑλλήνων <u>στρατιῶται</u> <u>συνῆλθον</u> εἰς τὴν <u>Αὐλίδα</u> ἵνα
πλεύσειαν πρὸς τὴν <u>Τροίαν</u>. ἐκεῖ πολὺν χρόνον μένειν
ἠναγκάσθησαν, οὐκ ἔχοντες ἀνέμους <u>ἐπιτηδείους</u>. τέλος δὲ ὁ
<u>μάντις</u> προσελθὼν εἶπε τῷ <u>Ἀγαμέμνονι</u> ὅτι ἡ <u>Ἄρτεμις</u>
5   ὀργίζεται· "καὶ ἡ θεά" ἔφη "κελεύει σε, ὦ βασιλεῦ, τὴν σὴν
θυγατέρα θῦσαι· τοῦτο γὰρ ποιήσας, αἱρήσεις τὴν τῶν
<u>πολεμίων</u> πόλιν." ταῦτα οὖν ἀκούσας ὁ βασιλεὺς ἐν μεγίστῃ
<u>ἀπορίᾳ</u> ἦν· τὴν μὲν γὰρ θυγατέρα ἐφίλει, τοὺς δὲ
<u>στρατιώτας</u> ἐφοβεῖτο. ἀλλὰ αὕτη ἡ παῖς, <u>Ἰφιγένεια</u> ὀνόματι,
10   οὕτως ἀνδρεία ἦν ὥστε ἠθέλησεν ὑπὲρ τῆς <u>στρατιᾶς</u>
ἀποθανεῖν. ἀφικομένης δὲ τῆς <u>Ἰφιγενείας</u> πρὸς τὸν <u>βωμόν</u>,
πάντες οἱ <u>στρατιῶται</u> ἐδάκρυον, οὐχ οἷοί τ' ὄντες <u>σκοπεῖν</u>.
ἀλλὰ οὐδεὶς ἔγνω τί μετὰ ταῦτα ἐγένετο. οἱ μὲν γὰρ
λέγουσιν ὅτι ὁ πατὴρ ἀπέκτεινε τὴν θυγατέρα· οἱ δὲ
15   νομίζουσι τοὺς θεοὺς αὐτὴν σῶσαι.

Names

	Αὐλίς -ίδος, ἡ	Aulis *(port in central Greece)*
	Τροία -ας, ἡ	Troy
	Ἀγαμέμνων -ονος, ὁ	Agamemnon
	Ἄρτεμις -ιδος, ἡ	Artemis
9	Ἰφιγένεια -ας, ἡ	Iphigenia

Vocabulary

	στρατιώτης -ου, ὁ	soldier
	συνέρχομαι *aor* συνῆλθον	I assemble, I gather
	ἐπιτήδειος -α -ον	suitable
	μάντις -εως, ὁ	prophet
7	πολέμιοι -ων, οἱ	enemy
	ἀπορία -ας, ἡ	difficulty
	στρατιά -ᾶς, ἡ	army
	βωμός -οῦ, ὁ	altar
	σκοπέω	I watch

19   *The wooden horse of Troy*

οἱ Ἕλληνες <u>πάλαι</u> ἐμάχοντο τοῖς <u>Τρωσίν</u>. καὶ ἐννέα ἔτη
<u>ἐπολιόρκουν</u> τὴν <u>Τροίαν</u>, ἀλλὰ οὐκ οἷοί τ' ἦσαν αἱρεῖν τὴν
πόλιν. τῷ δὲ <u>δεκάτῳ</u> ἔτει τόδε ἐποίησαν· <u>ᾠκοδόμησαν</u> μέγαν
ἵππον <u>ξύλινον</u>, καὶ ἐν τούτῳ πολλοὺς ἄνδρας <u>ἔκλεισαν</u>.
5   ἔπειτα δὲ οἱ ἄλλοι ἀπελθόντες ἔκρυψαν ἑαυτοὺς ἐν νήσῳ τινὶ
ἢ <u>ἐγγὺς</u> ἦν. οἱ δὲ <u>Τρῶες</u> τοῦτο ἰδόντες <u>ἔχαιρον</u>· ἐνόμιζον γὰρ
τοὺς Ἕλληνας φυγεῖν. καὶ μῶροι ὄντες τὸν ἵππον εἰς τὴν
πόλιν ἤγαγον. ἐπεὶ δὲ νὺξ ἐγένετο, οἱ ἄνδρες ἐξελθόντες
<u>ἤνοιξαν</u> τὰς πύλας. ἔπειτα δὲ οἱ ἄλλοι Ἕλληνες εἰσελθόντες
10 διέφθειραν τὴν πόλιν, καὶ οἱ πολῖται ἢ δοῦλοι ἐποιήθησαν ἢ
ἀπέθανον.

Names

Τρῶες -ων, οἱ	Trojans
Τροία -ας, ἡ	Troy

Vocabulary

πάλαι	long ago
πολιορκέω	I besiege
δέκατος -η -ον	tenth
οἰκοδομέω *aor* ᾠκοδόμησα	I build
4 ξύλινος -η -ον	wooden
κλείω *aor* ἔκλεισα	I shut in, I enclose
ἐγγύς	nearby
χαίρω	I rejoice, I am happy
ἀνοίγω *aor* ἤνοιξα	I open

20   *The historian Herodotus gives an unorthodox account of what*
happened to Helen after being abducted by the Trojan prince Paris.

ἐπεὶ ὁ Πάρις τὴν Ἑλένην κλέψας πρὸς τὴν Τροίαν ἤγαγεν, οἱ
Ἕλληνες ἐκεῖσε πολλαῖς ναυσὶν ἔπλευσαν· ἐβούλοντο γὰρ τῷ
Μενελάῳ βοηθεῖν. ἀφικόμενοι δὲ ἐξέβησαν εἰς γῆν καὶ
στρατόπεδον ἐποίησαν. ἔπειτα δὲ οἱ στρατηγοὶ ἀγγέλους εἰς
5   τὴν πόλιν ἔπεμψαν καὶ μετὰ τούτων τὸν Μενέλαον αὐτόν.
οὗτοι οὖν, ἐπεὶ εἰσῆλθον εἰς τὰ τείχη, ᾔτησαν τὴν Ἑλένην
καὶ τὰ χρήματα ἃ ὁ Πάρις ἔλαβεν. οἱ δὲ Τρῶες τὸν αὐτὸν
λόγον καὶ τότε καὶ ὕστερον εἶπον· "οὔτε τὴν Ἑλένην οὔτε τὰ
χρήματα ἔχομεν ἀλλὰ πάντα ταῦτα ἐν τῇ Αἰγύπτῳ ἐστίν."

10   οἱ δὲ Ἕλληνες οὐ πιστεύοντες ἐννέα μὲν ἔτη ἐπολιόρκουν
τὴν Τροίαν, τῷ δὲ δεκάτῳ ἔλαβον. οἱ μέντοι Ἕλληνες οὐχ
ηὗρον τὴν Ἑλένην ἀλλὰ τὸν αὐτὸν λόγον ἤκουσαν. νῦν οὖν
πιστεύσαντες ἀπεπέμψαν τὸν Μενέλαον αὐτὸν πρὸς τὴν
Αἴγυπτον. οὗτος δὲ ἀφικόμενος ἀπέλαβε τὴν Ἑλένην οὐδὲν
15   κακὸν παθοῦσαν καὶ τὰ ἑαυτοῦ χρήματα πάντα.

Names

	Πάρις -ιδος, ὁ	Paris
	Ἑλένη -ης, ἡ	Helen
	Τροία -ας, ἡ	Troy
	Μενέλαος -ου, ὁ	Menelaus
7	Τρῶες -ων, οἱ	Trojans
	Αἴγυπτος -ου, ἡ	Egypt

Vocabulary

	ἐκεῖσε	(to) there, to that place
	στρατόπεδον -οῦ, τό	camp
	στρατηγός -οῦ, ὁ	general
	τεῖχος -ους, τό	wall
8	καί ... καί	both ... and
	πολιορκέω	I besiege
	δέκατος -η -ον	tenth
	μέντοι	however

21 *Traders sailing between Greece and the Middle East kidnap women from each other's countries.*

ἀφικόμενοι πρὸς τὸ Ἄργος οἱ Φοίνικες ἔφηναν τὸν φόρτον.
δι' ὀλίγου ἦλθον ἐπὶ τὴν θάλασσαν γυναῖκες ἄλλαι πόλλαι καὶ
ἡ τοῦ βασιλέως θυγάτηρ. αὗται ἐγγὺς τῆς νεὼς ἦσαν, τὸν
φόρτον θαυμάζουσαι· ἐξαίφνης οἱ ναῦται ἐπὶ αὐτὰς
5   ἔσπευσαν. αἱ μὲν πλεῖσται τῶν γυναῖκων ἔφυγον, ἡ δὲ τοῦ
βασιλέως θυγάτηρ μετὰ ἄλλων ἐλήφθη. τοῦτο ἔργων ἀδίκων
ἦρξατο. μετὰ δὲ ταῦτα Ἕλληνές τινες εἰς Τύρον ἐλθόντες
ἔκλεψαν τὴν τοῦ βασιλέως θυγατέρα, Εὐρώπην ὀνόματι.
ταῦτα μὲν δὴ ἴσα πρὸς ἴσα ἐγένετο· οἱ δὲ Ἕλληνες αἴτιοι
10 ἦσαν τοῦ δευτέρου ἀδικήματος. πλεύσατες γὰρ εἰς τὴν
Κολχίδα τὰ ἄλλα ἔργα ἔπραξαν διὰ ἃ ἦλθον καὶ ἔκλεψαν τὴν
τοῦ βασιλέως θυγατέρα, Μήδειαν ὀνόματι.

Names

	Ἄργος -ους, τό	Argos *(city in southern Greece)*
	Φοίνικες -ων, οἱ	Phoenicians
	Τύρος -ου, ὁ	Tyre *(chief Phoenician port, in modern Lebanon)*
8	Εὐρώπη -ης, ἡ	Europa
	Κολχίς -ίδος, ἡ	Colchis *(port on the Black Sea)*
	Μήδεια -ας, ἡ	Medea

Vocabulary

	φαίνω *aor* ἔφηνα	I display
	φόρτος -ου, ὁ	cargo
	ἐγγύς	near *(+ gen)*
	ἐξαίφνης	suddenly
5	σπεύδω *aor* ἔσπευσα	I rush
	ἴσα πρὸς ἴσα	tit for tat, quits
	αἴτιος -α -ον	to blame for *(+ gen)*
	δεύτερος -α -ον	second
	ἀδίκημα -ατος, τό	injustice

22   *Perseus is saved in infancy from the hostility of his grandfather Acrisius, and as a young man is ordered to bring back the head of the Gorgon.*

ὁ δὲ ᾿Ακρίσιος, ὁ τῶν ᾿Αργείων βασιλεύς, θυγάτερα εἶχε, Δανάην ὀνόματι. καὶ μάντις τις εἶπεν ὅτι ἔσται ταύτῃ υἱὸς ὃς τὸν βασιλέα ἀποκτενεῖ. ταῦτα οὖν ἀκούσας, ὁ ᾿Ακρίσιος ἔβαλε τὴν θυγάτερα εἰς δεσμωτήριον. ἡ δὲ Δανάη οὕτω καλὴ
5 ἦν ὥστε ὁ Ζεὺς λάθρᾳ εἰσῆλθεν εἰς τὸ δεσμωτήριον, καὶ δι᾿ ὀλίγου ἐκείνη ἔτεκε παῖδα· οὗτος ἐκλήθη Περσεύς. καὶ πρῶτον μὲν ἡ Δανάη ἔκρυπτε τὸν υἱόν. ὕστερον δὲ ὁ ᾿Ακρίσιος, ἐπεὶ ἔμαθε τί ἐγένετο, ἔκλεισε τὴν μητέρα καὶ τὸν παῖδα εἰς κιβωτὸν καὶ εἰσέβαλεν εἰς τὴν θάλασσαν. ἀλλὰ
10 οὐκ ἀπέθανον· ἁλιεὺς γὰρ ἔσωσεν αὐτοὺς εἰς νῆσόν τινα ἀφικομένους. οὗτος δὲ τὸν Περσέα πολὺν χρόνον ἔτρεφεν. τέλος δὲ ὁ τῆς νήσου βασιλεύς, βουλόμενος γαμεῖν τὴν Δανάην, ἐκέλευσε τὸν Περσέα, ἤδη νεανίαν γενόμενον, ἀποκτεῖναι τὴν Γοργόνα καὶ τὴν κεφαλὴν αὐτῆς κομίζειν.

Names

	᾿Ακρίσιος -ου, ὁ	Acrisius
	᾿Αργεῖοι -ων, οἱ	Argives, people of Argos *(city in southern Greece)*
	Δανάη -ης, ἡ	Danae
6	Περσεύς -έως, ὁ	Perseus
	Γοργών -όνος, ἡ	the Gorgon *(a monster)*

Vocabulary

	μάντις -εως, ὁ	prophet
	δεσμωτήριον -ου, τό	prison
	τίκτω *aor* ἔτεκον	I give birth to
	κλείω *aor* ἔκλεισα	I shut in, I confine
9	κιβωτός -οῦ, ἡ	box, chest
	ἁλιεύς -έως, ὁ	fisherman
	τρέφω	I bring up, I look after
	γαμέω	I marry
	κομίζω	I fetch, I bring back

23   *A wife tries to spy on her husband with disastrous results.*

ἐν δὲ τῇ <u>Θεσσαλίᾳ</u> ὁ <u>Κυάνιππός</u> <u>ποτε</u> ἐφίλει καλὴν γυναῖκα
<u>Λευκώνην</u> ὀνόματι. καὶ <u>παρὰ</u> τοῦ πατρὸς δεξάμενος αὐτὴν
<u>ἔγημεν</u>. οὗτος δέ, <u>φιλοκύνηγος</u> ὤν, <u>καθ' ἡμέραν</u> <u>λέοντας</u> καὶ
<u>κάπρους</u> ἐδίωκεν. νυκτὸς δέ, εἰς τὴν οἰκίαν ἐλθὼν καὶ οὐδὲν
5   εἰπών, εἰς <u>βαθὺν</u> ὕπνον ἔπεσεν. ἡ οὖν <u>Λευκώνη</u>, θαυμάζουσα
καὶ βουλομένη γιγνώσκειν τί ὁ ἀνὴρ ἐν τοῖς ὄρεσι ποιεῖ, ἦλθε
καὶ αὐτὴ εἰς τὴν ὕλην ἵνα <u>κατοπτεύοι</u> αὐτόν. οἱ δὲ τοῦ
<u>Κυανίππου</u> <u>κύνες</u>, <u>ἀγριώτατοι</u> ὄντες, ἐπεὶ εἶδον τὴν γυναῖκα,
<u>προσβαλόντες</u> <u>διεσπάραξαν</u>. ὁ δὲ <u>Κυάνιππος</u> εὑρὼν αὐτὴν καὶ
10   πολὺ δακρύσας ἔθαψεν. ἔπειτα δε <u>καὶ</u> τοὺς <u>κύνας</u> <u>καὶ</u> ἑαυτὸν
<u>παρὰ</u> τῷ <u>τάφῳ</u> ἀπέκτεινεν.

Names

Θεσσαλία -ας, ἡ	Thessaly *(region of north-central Greece)*
Κυάνιππος -ου, ὁ	Cyanippus
Λευκώνη -ης, ἡ	Leukone

Vocabulary

	ποτε	once
	παρά	from *(+ gen)*
	γαμέω *aor* ἔγημα	I marry
	φιλοκύνηγος -ον	keen on hunting
3	καθ' ἡμέραν	day by day, every day
	λέων -οντος, ὁ	lion
	κάπρος -ου, ὁ	wild boar
	βαθύς -εῖα -ύ	deep
	κατοπτεύω	I spy on
8	κύων κυνός, ὁ	dog
	ἄγριος -α -ον	wild, savage
	προσβάλλω *aor* προσέβαλον	I attack
	διασπαράσσω *aor* διεσπάραξα	I tear apart
	καί ... καί	both ... and
11	παρά	beside *(+ dat)*
	τάφος -ου ὁ	tomb

24   *Pluto steals Persephone but, on the orders of Zeus, restores her to her mother Demeter for part of each year.*

ὁ Πλούτων, ὁ τῶν τεθνηκότων θεός, διὰ ἔρωτα τὴν
Περσεφόνην εἷλεν. ἡ δὲ Δημήτηρ, ἡ τῆς Περσεφόνης μήτηρ,
ἣν οἱ Ἕλληνες ἐνόμιζον τὴν τῆς γῆς θεὰν καὶ μητέρα
πάντων εἶναι, νυκτὸς καὶ ἡμέρας περιῆλθε πᾶσαν τὴν γῆν,
5 ζητοῦσα τὴν θυγατέρα. μαθοῦσα δὲ τὸν Πλούτωνα αὐτὴν
λαβόντα, ἡ Δημήτηρ ὀργιζομένη ἀπῆλθεν ἀπὸ τῶν θεῶν τῶν
ἐν Ὀλύμπῳ, καὶ ἐκώλυσε τὸν σῖτον ἀκμάζειν· ὥστε οἱ
ἄνθρωποι δεινὰ ἔπασχον. ὁ οὖν Ζεὺς ἐκέλευσε τὸν Πλούτωνα
ἀποπέμψαι τὴν Περσεφόνην. ὁ δὲ κόκκον ῥοιᾶς ἔδωκεν αὐτῇ
10 φαγεῖν, ἵνα μὴ πάντα τὸν χρόνον μετὰ τῆς μητρὸς μείνῃ.
διὰ ταῦτα ἡ Περσεφόνη ἠναγκάσθη μένειν τὸ τρίτον ἑκάστου
ἔτους μετὰ τοῦ Πλούτωνος, τὸ δὲ λοιπὸν μετὰ τῆς μητρός.

Names

Πλούτων -ωνος, ὁ	Pluto
Περσεφόνη -ης, ἡ	Persephone
Δημήτηρ -τρος, ἡ	Demeter
Ὄλυμπος -ου, ὁ	Olympus *(mountain home of the gods)*

Vocabulary

τεθνηκότες -ων, οἱ	the dead
ἔρως -ωτος, ὁ	love, desire
κωλύω *aor* ἐκώλυσα	I prevent (something) from *(+ inf)*
ἀκμάζω	I ripen, I become ripe
9 κόκκος -ου, ὁ	seed
ῥοιά -ᾶς, ἡ	pomegranate
ἔδωκε(ν) *(irreg aor)*	(he) gave
τρίτον -ου, τό	third part, one third
λοιπός -ή -όν	rest, remaining

25 *The god Dionysus plans to help the Athenians by bringing back*
from the dead the poet who proves best at giving advice.

οἱ Ἀθηναῖοι κακῶς ἔπρασσον ἐν μεγάλῳ <u>πολέμῳ</u> ἐπὶ τοὺς
<u>Λακεδαιμονίους</u>. ὁ δὲ <u>Διόνυσος</u>, ὁ τοῦ <u>θεάτρου</u> θεός,
μάλιστα ἐβούλετο αὐτοῖς βοηθεῖν. ἔδοξεν οὖν αὐτῷ τὸν
ἄριστον <u>ποιητὴν</u> <u>ἐξ Ἅιδου</u> ἄγειν (ἀπέθανε γάρ)· καὶ ὁ θεὸς
5   ἐνόμιζε τὸν <u>ποιητὴν</u> οἷόν τ' ἔσεσθαι βουλῇ βοηθεῖν τοῖς
πολίταις.

ὁ οὖν θεὸς καὶ ὁ δοῦλος αὐτοῦ, <u>Ξανθίας</u> ὀνόματι, κατέβησαν.
πρῶτον μὲν διέβησαν τὸν ποταμὸν ὅς <u>φυλάσσει</u> τὴν τῶν
ἀποθανόντων χώραν. ἔπειτα δὲ προσῆλθον πρὸς τὴν τοῦ
10   <u>Πλούτωνος</u> οἰκίαν. ὁ <u>Διόνυσος</u> εἶπε τῷ <u>Πλούτωνι</u> ὅτι
βούλεται <u>ποιητὴν</u> ἄριστον πρὸς τὰς Ἀθήνας ἄγειν ἵνα
σώσειε τοὺς πολίτας ἐκ κινδύνου. ἀλλὰ δύο <u>ποιηταὶ</u> ἦσαν οἳ
ἐνόμιζον ἄριστοι εἶναι· ὁ μὲν <u>Αἴσχυλος</u> γέρων ἦν, νεώτερος
δὲ ὁ <u>Εὐριπίδης</u>. <u>ἀγὼν</u> οὖν μέγας ἦν τῶν <u>ποιητῶν</u>. τέλος δὲ ὁ
15   <u>Αἴσχυλος</u> νίκην ἔσχεν, καὶ ὁ <u>Διόνυσος</u> ἤγαγεν αὐτὸν ἵνα ὁ
<u>ποιητὴς</u> τοὺς Ἀθηναίους βουλαῖς σοφαῖς σώσειεν.

Names

	Λακεδαιμόνιοι -ων, οἱ	Spartans, people of Sparta
	Διόνυσος -ου, ὁ	Dionysus
	ἐξ Ἅιδου	from (the house of) Hades, from the Underworld *(Hades was its god)*
7	Ξανθίας -ου, ὁ	Xanthias
	Πλούτων -ωνος, ὁ	Pluto *(another name for Hades)*
	Ἀθῆναι -ῶν, αἱ	Athens
	Αἴσχυλος -ου, ὁ	Aeschylus
	Εὐριπίδης -ου, ὁ	Euripides

Vocabulary

	πόλεμος -ου, ὁ	war
	θέατρον -ου, τό	theatre
	ποιητής -οῦ, ὁ	poet
	φυλάσσω	I guard
14	ἀγών -ῶνος, ὁ	contest

26 *When Coriolanus is fighting with the enemy against his own city, his family try to win him back.*

διότι οἱ ἄνδρες <u>οὐκέτι</u> οἷοί τ' ἦσαν <u>φυλάσσειν</u> τὴν πόλιν,
πολλαὶ γυναῖκες πρὸς τὴν τοῦ <u>Κοριολανοῦ</u> μητέρα καὶ τὴν
<u>ἄλοχον</u> αὐτοῦ ἔβησαν. ἔπεισαν δὲ αὐτὰς εἰς τὸ τῶν
<u>πολεμίων</u> <u>στρατόπεδον</u> εἰσελθεῖν, καὶ τοὺς δύο υἱοὺς τοῦ
5   <u>Κοριολανοῦ</u> ἄγειν, καὶ αἰτεῖν αὐτὸν <u>μηκέτι</u> ἐπὶ τὴν πόλιν
μετὰ τῶν <u>πολεμίων</u> μάχεσθαι. ἦλθον οὖν εἰς τὸ <u>στρατόπεδον</u>.
ἡ δὲ μήτηρ ἔπεσε πρὸς τὰ τοῦ υἱοῦ <u>γόνατα</u> καί, πολλῆς μετὰ
<u>ὀργῆς</u>, ᾔτησεν αὐτὸν ἀπάγειν τὴν <u>στρατιάν</u>. ἔπειτα δὲ τὸν
<u>Κοριολανὸν</u> ταῖς χερσὶν <u>ἀσπαζομένη</u> <u>ἔκυσε</u> τοὺς πόδας
10 αὐτοῦ. αἱ ἄλλαι γυναῖκες <u>ἅμα</u> ἐδάκρυον. ὁ δὲ <u>Κοριολανὸς</u> καὶ
αὐτὸς δακρύων "νίκην ἔχεις, ὦ μῆτερ," ἔφη "ἀλλὰ οὐ καλὴν
νίκην. σὺ γὰρ ταύτῃ τῇ νίκῃ τὴν μὲν πόλιν σῴζεις, υἱὸν δὲ
<u>οὐκέτι</u> ἔχεις."

Names

Κοριολανός -οῦ, ὁ	Coriolanus

Vocabulary

	οὐκέτι	no longer
	φυλάσσω	I guard, I protect
	ἄλοχος -ου, ἡ	wife
	πολέμιοι -ων, οἱ	the enemy
4	στρατόπεδον -ου, τό	camp
	μηκέτι	no longer
	γόνυ -ατος, ὁ	knee
	ὀργή -ῆς, ἡ	anger, passion
	στρατιά -ᾶς, ἡ	army
9	ἀσπάζομαι	I embrace
	κυνέω *aor* ἔκυσα	I kiss
	ἅμα	at the same time

27 *Antigone's love for her brother outweighs the orders of the king of Thebes.*

ἦν ποτε πόλεμος τῶν Ἀργείων πρὸς τοὺς Θηβαίους. καὶ ἡ
μὲν Ἀντιγόνη ἐν ταῖς Θήβαις διῆγεν ἐν τῇ τοῦ βασιλέως
οἰκίᾳ. ὁ δὲ ἀδελφὸς αὐτῆς μετὰ τῶν Ἀργείων ἐμάχετο. ἐπεὶ
δὲ ὁ ἀδελφὸς ἀπέθανε καὶ ἔφευγον οἱ πολέμιοι, ὁ βασιλεὺς
5   εἶπε τάδε· "οὗτος ὁ ἀνὴρ κάκιστός ἐστι τῶν πολεμίων. οἱ μὲν
γὰρ ἄλλοι ἐπὶ ξένους ἐστράτευον, οὗτος δὲ ἐπὶ τὴν ἑαυτοῦ
πατρίδα ἦλθεν. ὁ οὖν νεκρὸς αὐτοῦ ἄταφος ἔσται."

ἀλλὰ ἡ Ἀντιγόνη, μαθοῦσα ταῦτα, οὐκ ἤθελε πείθεσθαι τῷ
βασιλεῖ. ἐξῆλθεν οὖν ἐκ τῆς πόλεως μέλλουσα θάψειν τὸν
10   ἀδελφόν. ἐπεὶ δὲ οἱ φύλακες ἔλαβον αὐτήν, τάδε τῷ βασιλεῖ
εἶπεν· "δίκαιοι μέν εἰσιν οἱ τῶν θεῶν νόμοι, ἄδικος δὲ ὁ σός.
δεῖ οὖν ἐκείνοις τοῖς νόμοις μᾶλλον πείθεσθαι, τοῖς
ἀγράφοις."

Names

Ἀργεῖοι -ων, οἱ		Argives, men of Argos *(city in southern Greece)*
Θηβαῖοι -ων, οἱ		Thebans, men of Thebes *(city in central Greece)*
2	Ἀντιγόνη -ης, ἡ	Antigone
	Θῆβαι -ῶν, αἱ	Thebes

Vocabulary

	ποτε	once
	πόλεμος -ου, ὁ	war
	διάγω	I live
	ἀδελφός -οῦ, ὁ	brother
5	πολέμιοι -ων, οἱ	enemy
	στρατεύω	I march, I go on an expedition
	πατρίς -ίδος, ἡ	homeland
	ἄταφος -ον	unburied
	φύλαξ -ακος, ὁ	guard
13	ἄγραφος -ον	unwritten

28   *Anacharsis visits Solon: Part 1.*

ὁ δὲ <u>Σόλων</u> ἦν σοφώτατος τῶν Ἀθηναίων. πάντες οὖν οἱ
πολῖται ἐθαύμαζον αὐτόν, καὶ δὴ <u>βάρβαροί</u> τινες. <u>Σκύθης</u> δέ
τις, Ἀνάχαρσις ὀνόματι, ἀκούσας περὶ τοῦ <u>Σόλωνος</u>, πρὸς
τὰς Ἀθήνας ἔπλευσεν ἵνα <u>διαλέγοιτο</u> αὐτῷ. ἀφικόμενος δὲ
5   πρὸς τὴν τοῦ σοφοῦ οἰκίαν, <u>ἔκοψε</u> τὴν θύραν καὶ εἶπεν ὅτι
ἦλθεν ἵνα <u>φιλίαν</u> ποιήσαιτο <u>πρὸς</u> αὐτόν. ἀποκριναμένου δὲ
τοῦ <u>Σόλωνος</u> ὅτι δεῖ <u>φιλίας</u> ποιεῖσθαι <u>οἴκοι</u>, "ἐπεὶ οὖν" ἔφη ὁ
Ἀνάχαρσις "σὺ αὐτὸς <u>οἴκοι</u> εἶ, δεῖ σε <u>φιλίαν</u> ποιήσασθαι
<u>πρὸς</u> ἐμέ." ὁ δὲ <u>Σόλων</u>, θαυμάσας τὴν <u>ἀγχίνοιαν</u> αὐτοῦ,
10   ἐδέξατο τὸν Ἀνάχαρσιν ὡς φιλὸν ὄντα.

Names

	Σόλων -ωνος, ὁ	Solon *(Athenian statesman)*
	Σκύθης -ου, ὁ	Scythian, person from Scythia
		(modern southern Russia)
	Ἀνάχαρσις -εως, ὁ	Anacharsis
4	Ἀθῆναι -ῶν, αἱ	Athens

Vocabulary

	βάρβαροι -ων, οἱ	foreigners, non-Greeks
	διαλέγομαι	I have a conversation with *(+ dat)*
	κόπτω *aor* ἔκοψα	I knock at
	φιλία -ας, ἡ	friendship
6	πρός	*(here)* with *(+ acc)*
	οἴκοι	at home
	ἀγχίνοια -ας, ἡ	quick-wittedness

29   *Anacharsis visits Solon: Part 2.*

ὁ δὲ ᾿Ανάχαρσις, Σκύθης ὤν, πρὸς τὰς ᾿Αθήνας ἀφικόμενος
φίλος ἐγένετο τοῦ Σόλωνος, σοφωτάτου ὄντος τῶν ἐκεῖ
πολιτῶν. ὁ δὲ Σόλων τότε ἔπρασσε τὰ τῆς πόλεως, καὶ νέους
νόμους τοῖς ᾿Αθηναίοις ἔγραφεν. ἐπεὶ δὲ ὁ ᾿Ανάχαρσις
5   ἐπύθετο τί ποιεῖ, κατεγέλασε τοῦ Σόλωνος διότι ἤλπιζεν
οὕτω κωλύσειν τοὺς πολίτας ἀδίκως πράσσειν. "οὗτοι οἱ
νόμοι" ἔφη ὁ Σκύθης "οὐκ ἰσχυρότεροί εἰσιν ἢ τὰ ἀράχνια. εὖ
μὲν γὰρ καθέξουσι τοὺς ἀσθενεῖς καὶ πένητας· οἱ δὲ δυνατοὶ
καὶ πλούσιοι ῥᾳδίως οἷοί τ' ἔσονται ἀποφεύγειν αὐτούς." ὁ
10   δὲ Σόλων ἀπεκρίνατο· "ναί· ἀλλὰ οἱ ἄνθρωποι συνθήκας
φυλάσσουσιν, εἰ κέρδος ἐστὶ τοῦτο ποιεῖν. ἐγὼ δὲ πάντα
ταῦτα εἰδὼς τοὺς νόμους τοῖς πολίταις οὕτως ἁρμόζω ὥστε
κέρδος ἐστὶ πᾶσιν φυλάσσειν αὐτοὺς μᾶλλον ἢ ἀδικεῖν."

Names

᾿Ανάχαρσις -εως, ὁ	Anacharsis	
Σκύθης -ου, ὁ	Scythian, person from Scythia	
	(modern southern Russia)	
	᾿Αθῆναι -ῶν, αἱ	Athens
2	Σόλων -ωνος, ὁ	Solon

Vocabulary

	καταγελάω *aor* κατεγέλασα	I laugh at *(+ gen)*
	κωλύω	I prevent (someone) from *(+ inf)*
	ἀράχνιον -ου, τό	spider's web
	κατέχω *fut* καθέξω	I restrain
8	πένης -ητος, ὁ	poor person
	δυνατός -ή -όν	powerful
	ἀποφεύγω	I escape from, I evade
	ναί	yes
	συνθήκη -ης, ἡ	agreement
11	φυλάσσω	*(here)* I keep, I abide by
	εἰ	if
	κέρδος -ους, τό	benefit, profit
	ἁρμόζω	I fit, I adapt

30 *Solon on his travels meets Thales, who tricks him in order to make a point about marriage.*

ὁ δὲ <u>Σόλων</u> πρὸς <u>Θαλῆν</u> ἐλθὼν ἐθαύμαζε διότι οὐκ εἶχε
γυναῖκα καὶ παῖδας. καὶ ὁ <u>Θαλῆς</u> τότε μὲν οὐδὲν εἶπεν. μετὰ
δὲ ὀλίγας ἡμέρας ξένον τινὰ πρὸς αὐτὸν ἔπεμψεν, ὃς εἶπεν
ὅτι ἀπὸ τῶν ᾽<u>Αθηνῶν</u> ἀφίκετο.

5   ὁ οὖν <u>Σόλων</u> "ἆρα νέον τι" <u>ἤρετο</u> "ἐν ταῖς ᾽<u>Αθηναῖς</u> ἐστιν;" ὁ
δὲ ξένος ἀπεκρίνατο "νεανίας τις ἀπέθανεν. ἦν δὲ υἱός, ὡς
ἔλεγον οἱ ἐκεῖ, ἀνδρὸς ἀρίστου τῶν πολιτῶν· ἐκεῖνος δὲ οὐ
<u>παρῆν</u>, ἀλλὰ πολὺν χρόνον ἤδη <u>ἀπεδήμει</u>." ἀκούσας δὲ ταῦτα
ὁ <u>Σόλων</u> <u>ἤρετο</u> "τίνα δὲ ἐκάλουν αὐτόν;" "ἤκουσα τὸ ὄνομα,"
10   ἔφη "ἀλλὰ οὐ <u>μέμνημαι</u>."

ὁ δὲ <u>Σόλων</u> περὶ τοῦ παιδὸς φοβούμενος <u>ἤρετο</u> <u>εἰ</u> ὁ ἀποθανὼν
ἐκαλεῖτο υἱὸς τοῦ <u>Σόλωνος</u>. εἰπόντος δὲ ἐκείνου ὅτι τοῦτό
ἐστι τὸ ὄνομα, <u>ἔπαισε</u> τὴν κεφαλήν. ὕστερον δὲ ὁ <u>Θαλῆς</u>
<u>γελάσματι</u> "ταῦτα, ὦ <u>Σόλων</u>," ἔφη "<u>ἀποτρέπει</u> με τοῦ <u>γάμου</u>."
15   καὶ ἐκέλευσεν αὐτὸν <u>θαρρεῖν</u>, ὡς οἱ λόγοι οὐκ ἀληθεῖς ἦσαν.

Names

Σόλων -ωνος, ὁ	Solon *(Athenian statesman)*
Θαλῆς -οῦ, ὁ	Thales *(early Greek philosopher)*
᾽Αθῆναι -ῶν, αἱ	Athens

Vocabulary

ἤρετο *(irreg aor)*	(he) asked
πάρειμι *impf* παρῆν	I am present
ἀποδημέω	I am away from home
μέμνημαι	I remember
11 εἰ	if, whether
παίω *aor* ἔπαισα	I hit, I strike
γέλασμα -ατος, τό	laugh
ἀποτρέπω	I deter (someone) from *(+ gen)*
γάμος -ου, ὁ	marriage
15 θαρρέω	I cheer up

Section 2

31   (a) *Prometheus creates and helps mankind, but angers Zeus.*

ὁ δὲ <u>Προμηθεὺς</u> <u>Τιτὰν</u> ἦν· σοφώτατος ὤν, ἐποίησε τοὺς
πρώτους ἀνθρώπους ἐξ ὕδατος καὶ γῆς. ἔπειτα δὲ <u>ἐδίδαξεν</u>
αὐτοὺς πολλὰς <u>τέχνας</u>. ἀλλὰ οἱ ἄνθρωποι <u>οὔπω</u> τὸ πῦρ εἶχον·
οἱ γὰρ θεοὶ μόνοι αὐτὸ <u>ἐφύλασσον</u>. ἔδοξεν οὖν τῷ <u>Προμηθεῖ</u>,
5   διότι τῶν ἀνθρώπων <u>εὐεργέτης</u> ἦν, τὸ πῦρ ἀπὸ τῶν θεῶν
κλέψαι. τῆς δὲ ᾿<u>Αθήνης</u> βοηθούσης, εἰς τὸν <u>οὐρανὸν</u> ἀνέβη.
καὶ ἀφικόμενος ᾔσθετο τὸ τοῦ ῾<u>Ηλίου</u> <u>ἄρμα</u> πυρὸς <u>πληρὲς</u> ὄν.
ὁ οὖν <u>Προμηθεὺς</u> σπέρματά τινα πυρὸς λάθρα ἔκλεψεν,
ἐν <u>νάρθηκι</u> κρυφθέντα. ἐπεὶ δὲ πρὸς τὴν γῆν <u>ἐπανῆλθεν</u>,
10   τὸ πῦρ τοῖς ἀνθρώποις <u>ἔδωκεν</u>. οἱ μὲν οὖν ἄνθρωποι μάλιστα
<u>ἔχαιρον</u>, ὁ δὲ Ζεὺς μάλιστα ὠργίσθη.

ὁ γὰρ Ζεὺς βασιλεὺς τῶν θεῶν <u>νεωστὶ</u> ἐγένετο, τοῖς <u>Τιτᾶσι</u>
πολλὰ ἔτη μαχεσάμενος. τὴν οὖν ἑαυτοῦ <u>ῥώμην</u> <u>φυλάσσων</u>,
ἐφίλει οὔτε τοὺς ἀνθρώπους οὔτε τὸν <u>εὐεργέτην</u> αὐτῶν.
15   βουλόμενος δὲ τὸν <u>Προμηθέα</u> κολάζειν, τάδε ἐποίησεν·
ἔπεισε τὸν ῞<u>Ηφαιστον</u> γυναῖκα ποιεῖν ἐξ ὕδατος καὶ γῆς.
αὕτη δὲ καλλίστη ἦν· οἱ γὰρ θεοὶ πάντα δῶρα αὐτῇ παρέσχον,
ὥστε <u>Πανδώρα</u> ἐκλήθη.

Names

	Προμηθεύς -έως, ὁ	Prometheus *(literally 'forethought')*
	Τιτάν -ᾶνος, ὁ	Titan *(one of the generation of gods older than Zeus)*
	᾿Αθήνη -ης, ἡ	Athene
7	῞Ηλιος -ου, ὁ	the Sun
	῞Ηφαιστος -ου, ὁ	Hephaestus *(god of fire and crafts)*
	Πανδώρα -ας, ἡ	Pandora

Vocabulary

διδάσκω *aor* ἐδίδαξα	I teach
τέχνη -ης, ἡ	skill
οὔπω	not yet

	φυλάσσω	I guard, I look after
5	εὐεργέτης -ου, ὁ	benefactor
	οὐρανός -οῦ, ὁ	sky, heaven
	ἄρμα -ατος, τό	chariot
	πληρής -ές	full
	σπέρμα -ατος, τό	seed
9	νάρθηξ -ηκος, ὁ	fennel-stalk *(its pith burns slowly, allowing fire to be carried)*
	ἐπανέρχομαι *aor* ἐπανῆλθον	I return, I get back
	ἔδωκε(ν) *(irreg aor)*	(he) gave
	χαίρω	I rejoice, I am happy
12	νεωστί	recently
	ῥώμη -ης, ἡ	power

1 ὁ δὲ Προμηθεὺς ... τέχνας (lines 1-3): what do we learn about Prometheus here? [5]

2 ἀλλὰ ... ἐφύλασσον (lines 3-4): why did men not yet have fire? [2]

3 ἔδοξεν ... κλέψαι (lines 4-6): what did Prometheus decide to do, and why? [4]

4 τῆς δὲ ᾽Αθήνης ... κρυφθέντα (lines 6-9): describe in detail how his plan was carried out. [5]

5 ἐπεὶ δὲ ... ὠργίσθη (lines 9-11):
(a) what did Prometheus do after returning to earth? [2]
(b) what effects did this have? [2]

6 Translate lines 12-18 into good English. [20]

(Turn over)

(b) *Though not tricked by Pandora, Prometheus is eventually punished.*

τέλος δὲ ὁ Ζεὺς <u>κίστην</u> τῇ <u>Πανδώρᾳ</u> <u>ἔδωκε</u>, λέγων ὅτι δῶρόν
ἐστι τῷ τὴν γυναῖκα <u>γαμοῦντι</u>. ἔπειτα δὲ τὴν <u>Πανδώραν</u>
ἔπεμψε τῷ <u>Προμηθεῖ</u>, ἵνα βούλοιτο <u>γαμεῖν</u> αὐτὴν ὡς
καλλίστην οὖσαν. ὁ δὲ <u>Προμηθεύς</u>, <u>δόλον</u> <u>ὑποπτεύων</u>, ἔπεμψεν
5   αὐτὴν τῷ <u>ἀδελφῷ</u>. ὁ οὖν Ἐπιμηθεὺς εὐθὺς <u>ἤνοιξε</u> τὴν <u>κίστην·</u>
ἐξῆλθον νόσοι καὶ <u>λῦπαι</u> καὶ πάντα τὰ κακὰ ἃ οἱ ἀνθρώποι ἔτι
καὶ νῦν πάσχουσιν. ἀλλὰ ὁ <u>Προμηθεὺς</u> αὐτὸς <u>ἐξέφυγεν</u>, ὥστε
ὁ Ζεὺς ἔτι μᾶλλον ὠργίσθη. νῦν οὖν ἐκέλευσε τὸν Ἥφαιστον
<u>προσάπτειν</u> τὸν <u>Προμηθέα</u> <u>πέτρᾳ</u> τινὶ ἐν τῷ <u>Καυκάσῳ</u>. οὕτως
10   οὖν ἐκολάσθη ὁ τῶν ἀνθρώπων <u>εὐεργέτης</u>.

Names

Πανδώρα -ας, ἡ		Pandora
Προμηθεύς -έως, ὁ		Prometheus
Ἐπιμηθεύς -έως, ὁ		Epimetheus *(literally 'afterthought'; brother of Prometheus)*
8	Ἥφαιστος -ου, ὁ	Hephaestus
	Καύκασος -ου, ὁ	the Caucasus *(mountainous region near the Black Sea)*

Vocabulary

	κίστη -ης, ἡ	chest, box
	ἔδωκε *(irreg aor)*	(he) gave
	γαμέω	I marry
	δόλος -ου, ὁ	trick
4	ὑποπτεύω	I suspect
	ἀδελφός -οῦ, ὁ	brother
	ἀνοίγω *aor* ἤνοιξα	I open
	λύπη -ης, ἡ	grief, pain
	ἐκφεύγω *aor* ἐξέφυγον	I escape
9	προσάπτω	I fasten
	πέτρα -ας, ἡ	rock
	εὐεργέτης -ου, ὁ	benefactor

7 τέλος ... οὖσαν (lines 1-4): explain how Zeus tried to trick
Prometheus by giving the chest to Pandora. [4]

8 ὁ δὲ Προμηθεύς ... τῷ ἀδελφῷ (lines 4-5): what did Prometheus
do because he suspected a trick? [2]

9 ὁ οὖν Ἐπιμηθεὺς ... πάσχουσιν (lines 5-7): what happened when
Epimetheus opened the chest? [4]

10 ἀλλὰ ὁ Προμηθεὺς ... ὠργίσθη (lines 7-8): why was Zeus now
even more angry? [2]

11 νῦν οὖν ... εὐεργέτης (lines 8-10): how did he finally punish
Prometheus? [4]

12 For each of the following Greek words, give (i) one English word
derived from it and (ii) the meaning of the English word:
πρώτους
ἄνθρωποι [4]

[Total 60]

32 (a) *Daphne avoids men, but Apollo falls in love with her.*

ἡ δὲ <u>Δάφνη</u> <u>νύμφη</u> ἦν, καὶ τοῦ <u>Πηνειοῦ</u> θυγάτηρ· οὗτος <u>καὶ</u>
ποταμὸς ἦν <u>καὶ</u> ὁ τοῦ ποταμοῦ θεός. ἡ δὲ <u>Δάφνη</u> οὕτω καλὴ
ἦν ὥστε ὑπὸ πολλῶν νεανιῶν ἐζητεῖτο. ἀλλὰ καίπερ
φιλουμένη, οὐδένα τούτων ἐφίλει αὐτή· πάντας γὰρ ἄνδρας
5 ἐμίσει. πολλάκις οὖν ὁ πατήρ "δεῖ σε, ὦ θυγάτερ" ἔφη
"ἄνδρα καὶ παῖδας ἔχειν." ἡ δὲ <u>Δάφνη</u> οὐκ ἤθελε πείθεσθαι.
ἐφίλει δὲ ἐν τῇ ὕλῃ <u>θηρεύειν</u>, καὶ ἀεὶ ἐβούλετο ἐκεῖ εἶναι.
ἀλλὰ πολλοὶ νεανίαι καὶ δὴ θεοὶ πολλάκις ἐν τῇ ὕλῃ ἦσαν.
ὁ δὲ Ἀπόλλων <u>ποτὲ</u> ᾔσθετο τὸν Ἔρωτα ἐν τῇ ὕλῃ, <u>τόξον</u>
10 ἔχοντα. ὁ δὲ Ἀπόλλων, ὃς <u>τοξότης</u> ἄριστος ἦν, ἐκέλευσε
τὸν παῖδα τὸ <u>τόξον</u> ἀποβάλλειν.

"ἐγώ" ἔφη "<u>τοξότης</u> ἄριστός εἰμι, καὶ ὁ τοῦ <u>τόξου</u> θεός.
σὺ δὲ οὐδὲν εἶ." ὁ δὲ Ἔρως μάλιστα ὠργίσθη. ἔδοξεν οὖν
αὐτῷ τὸν Ἀπόλλωνα κολάζειν. ὁ δὲ Ἔρως δύο <u>τοξεύματα</u>
15 εἶχεν· τὸ μὲν ποιεῖ, τὸ δὲ διαφθείρει τὸν ἔρωτα. τῷ δὲ πρώτῳ
<u>τοξεύματι</u> τὸν Ἀπόλλωνα ἔβαλεν, ἵνα εὐθὺς φιλοίη τινά.
ἡ δὲ <u>Δάφνη</u> τύχῃ προσέβαινεν, καὶ ὁ θεὸς <u>ἔρωτι</u> αὐτῆς εὐθὺς
ἐλήφθη.

Names

Δάφνη -ης, ἡ	Daphne
Πηνειός -οῦ, ὁ	Peneius (*[god of] a river in Greece*)
Ἀπόλλων -ωος, ὁ	Apollo
Ἔρως -ωτος, ὁ	Eros (*young god of love*)

Vocabulary

	νύμφη -ης, ἡ	nymph (*semi-divine nature spirit*)
	καί ... καί	both ... and
	θηρεύω	I hunt
	ποτέ	once
9	τόξον -ου, τό	bow
	τοξότης -ου, ὁ	archer
	τόξευμα -ατος, τό	arrow
	ἔρως -ωτος, ὁ	love, passion

1   ἡ δὲ Δάφνη ... ἐζητεῖτο (lines 1-3): what do we learn here about
     (a) Daphne?   [4]
     (b) her father Peneius?   [2]

2   ἀλλὰ ... ἐμίσει (lines 3-5): why did Daphne not return the love of
     her admirers?   [2]

3   πολλάκις ... ἔχειν (lines 5-6): what did her father often say?   [3]

4   ἡ δὲ Δάφνη ... ἦσαν (lines 6-8): explain in detail what Daphne
     preferred to do, and why this strategy was not entirely successful. [6]

5   ὁ δὲ ᾽Απόλλων ... ἀποβάλλειν (lines 9-11): which three statements
     are true?
         A   Apollo saw Eros in the wood
         B   Eros was an excellent archer
         C   Apollo was an excellent archer
         D   Apollo was holding a bow
         E   Apollo ordered Eros to throw away his bow   [3]

6   Translate lines 12-18 into good English.   [20]

(Turn over)

(b) *Daphne is pursued by Apollo but eludes capture.*

ἔπειτα δὲ ὁ Ἔρως τῷ <u>δευτέρῳ</u> <u>τοξεύματι</u>, ὃ <u>ἔρωτα</u> διαφθείρει,
ἔβαλε τὴν <u>Δάφνην</u> (καίπερ οὐδεμίαν <u>χρείαν</u> τούτου ἔχουσαν).
ἡ δὲ <u>νύμφη</u>, τὸν θεὸν αἰσθομένη, εὐθὺς ἔφυγεν. καὶ ὁ
Ἀπόλλων ἐδίωξεν αὐτήν, ταχέως τρέχουσαν, ἀλλὰ οὐχ οἷός
5   τ' ἦν λαβεῖν. ὁ δὲ θεὸς ἐκέλευσε τὴν <u>νύμφην</u> παύσασθαι· ἡ δὲ
οὐκ ἐπίθετο. τέλος δὲ ἡ <u>Δάφνη</u> <u>ἔκαμνεν</u>, ἀλλὰ ὁ <u>Ἀπόλλων</u>,
θεὸς ὢν καὶ τῷ <u>ἔρωτι</u> <u>ἐποτρυνόμενος</u>, ἔτι ὡς τάχιστα
ἔτρεχεν. νῦν δὲ πρὸς τὸν ποταμὸν προσῆλθον· ἡ δὲ <u>Δάφνη</u>
ᾔτησε τὸν πατέρα βοηθεῖν. ἡ οὖν <u>νύμφη</u> εὐθὺς εἰς δένδρον
10 <u>μετεβλήθη</u>· καὶ ὁ <u>Ἀπόλλων</u> τὴν <u>δάφνην</u> ἔτι φιλεῖ.

Names

Ἔρως -ωτος, ὁ	Eros
Δάφνη -ης, ἡ	Daphne
Ἀπόλλων -ωος, ὁ	Apollo

Vocabulary

	δεύτερος -α -ον	second
	τόξευμα -ατος, τό	arrow
	ἔρως -ωτος, ὁ	love, passion
	χρεία -ας, ἡ	need
3	νύμφη -ης, ἡ	nymph
	κάμνω	I am tired
	ἐποτρύνω	I spur on
	μεταβάλλω	
	aor pass μετεβλήθην	I change (something)
10	δάφνη -ης, ἡ	laurel *(type of tree; its leaves were used for wreaths in honour of Apollo)*

7   ἔπειτα ... ἔφυγεν (lines 1-3):
(a) what did Eros do next? [3]
(b) why was it not really necessary? [1]

8   καὶ ὁ Ἀπόλλων ... ἐπίθετο (lines 3-6): describe Apollo's pursuit of Daphne. [4]

9   τέλος ... ἔτρεχεν (lines 6-8): state two advantages Apollo had in his pursuit of Daphne. [2]

10   νῦν δὲ ... μετεβλήθη (lines 8-10): explain in detail what happened when they reached the river. [5]

11   καὶ ὁ Ἀπόλλων ... φιλεῖ (line 10): how does Apollo maintain his affection for the nymph? [1]

12   For each of the following Greek words, give (i) one English word derived from it and (ii) the meaning of the English word:
        ἄριστος
        δένδρον [4]

[Total 60]

33   (a) *The daughters of Danaus are ordered to kill their new husbands.*

ὁ δὲ <u>Βῆλος</u>, ὁ τῶν <u>Αἰγυπτίων</u> βασιλεύς, υἱοὺς <u>διδύμους</u> εἶχε,
τὸν <u>Αἴγυπτον</u> καὶ τὸν <u>Δαναόν</u>. καὶ ὕστερον ὁ μὲν <u>Αἴγυπτος</u>
αὐτὸς πατὴρ ἐγένετο <u>πεντήκοντα</u> υἱῶν, ὁ δὲ <u>Δαναὸς</u>
<u>πεντήκοντα</u> θυγατέρων. φοβούμενος δὲ τὸν <u>Αἴγυπτον</u> καὶ
5   τοὺς παῖδας αὐτοῦ, ὁ <u>Δαναὸς</u> μετὰ τῶν θυγατέρων ἔφυγεν εἰς
τὸ "<u>Αργος</u>. ἀλλὰ οἱ τοῦ <u>Αἰγύπτου</u> υἱοὶ ἐδίωξαν αὐτούς, καὶ
εἰς τὸ "<u>Αργος</u> ἦλθον. ἀφικόμενοι δὲ ᾔτησαν τὸν <u>Δαναὸν</u> τῆς
<u>ἔχθρας</u> παύσασθαι, καὶ τὰς θυγατέρας αὐτοῖς <u>δοῦναι</u> ὡς
γυναῖκας. ὁ δὲ <u>Δαναὸς</u> τὰς μὲν θυγατέρας <u>ἔδωκεν</u>, τῆς δὲ
10   <u>ἔχθρας</u> οὐκ ἐπαύσατο· ἐκέλευσε δὲ ἑκάστην παῖδα, <u>ξίφος</u> ἐν
τῇ οἰκίᾳ κρύψασαν, τὸν ἑαυτῆς ἄνδρα τῆς πρώτης νυκτὸς
ἀποκτείνειν.

καὶ πᾶσαι μὲν αἱ ἄλλαι ἐποίησαν τὸ κελευσθέν· ἀπέκτειναν
γὰρ τοὺς νέους ἄνδρας καθεύδοντας, καὶ τὰς κεφαλὰς αὐτῶν
15   τῷ <u>Δαναῷ</u> ἤνεγκαν· μία δὲ μόνη τῷ πατρὶ οὐκ ἐπίθετο, ἀλλὰ
ἔσωσε τὸν ἑαυτῆς ἄνδρα. ὁ δὲ <u>Δαναὸς</u> ὀργισθεὶς ἐκόλασε
ταύτην τὴν θυγατέρα διότι οὐκ ἐπίθετο. ὕστερον δὲ ὁ σωθείς,
<u>Λυγκεὺς</u> ὀνόματι, ἀπέκτεινε τὰς ἄλλας θυγατέρας καὶ τὸν
<u>Δαναὸν</u> αὐτόν.

Names

	Βῆλος -ου, ὁ	Belus
	Αἰγύπτιοι -ων, οἱ	Egyptians
	Αἴγυπτος -ου, ὁ	Aegyptus
	Δαναός -οῦ, ὁ	Danaus
6	"Αργος -ους, τό	Argos *(city in southern Greece)*
	Λυγκεύς -έως, ὁ	Lynceus

Vocabulary

	δίδυμος -η -ον	twin
	πεντήκοντα	fifty
	ἔχθρα -ας, ἡ	hostility
	δοῦναι *(irreg inf)*	to give
9	ἔδωκε(ν) *(irreg aor)*	(he) gave
	ξίφος -ους, τό	sword

1   ὁ δὲ Βῆλος ... θυγατέρων (lines 1-4): what do we learn here about
    (a) Belus?   [4]
    (b) Aegyptus and Danaus?   [2]

2   φοβούμενος ... τὸ Ἄργος (lines 4-6): what did Danaus do, and
    why?   [3]

3   ἀλλὰ ... ἦλθον (lines 6-7): why was this not successful?   [2]

4   ἀφικόμενοι ... γυναῖκας (lines 7-9): what was Danaus asked to
    do?   [3]

5   ὁ δὲ Δαναὸς ... ἀποκτείνειν (lines 9-12): explain in detail what
    Danaus did next.   [6]

6   Translate lines 13-19 into good English.   [20]

(Turn over)

(b) *The daughters of Danaus are punished in the Underworld along with other sinners.*

αἱ δὲ τοῦ <u>Δαναοῦ</u> θυγατέρες (πλὴν μίας) ἔτι καὶ νῦν, ὡς ὁ μῦθος λέγει, <u>ἐν ῞Αιδου</u> κολάζονται. ἀναγκάζονται γὰρ διὰ τὰ ἄδικα ἔργα ὕδωρ ἐν <u>κοσκίνῳ</u> φέρειν εἰς <u>ἀγγεῖον</u> <u>τετρημένον</u>. καὶ πολλοὶ ἄλλοι ἐκεῖ <u>ὁμοίως</u> πάσχουσιν. ὁ γὰρ ᾽Ιξίων <u>τροχῷ</u>
5 <u>δεθεὶς</u> ἀεὶ περιφέρεται καὶ οὐδέποτε παύεται. ὁ δὲ <u>Σίσυφος</u> <u>πέτραν</u> μεγάλην ἀνὰ ὄρος <u>ὠθεῖ</u>, ἀλλὰ ἐπεὶ μέλλει ἐπὶ τὸ <u>ἄκρον</u> ἀφίξεσθαι, ἡ <u>πέτρα</u> ἀεὶ <u>κατακυλίνδεται</u>. ὁ δὲ <u>Τάνταλος</u> ἀναγκάζεται ἐν <u>λίμνῃ</u> μένειν, ἀλλὰ οὐχ οἷός τ᾽ ἐστὶ τὸ ὕδωρ πίνειν· ἔστιν ἐκεῖ δένδρον ὃ καλὸν <u>καρπὸν</u> ἔχει, ἀλλὰ οὐχ
10 οἷός τ᾽ ἐστὶ λαβεῖν.

Names

Δαναός -οῦ, ὁ	Danaus
ἐν ῞Αιδου	in (the house of) Hades, in the Underworld *(Hades was its god)*
᾽Ιξίων -ονος, ὁ	Ixion *(punished by Zeus for trying to rape Hera)*
4	
Σίσυφος -ου, ὁ	Sisyphus *(punished for trying to trick the gods)*
Τάνταλος -ου, ὁ	Tantalus *(also punished for trying to trick the gods)*

Vocabulary

κόσκινον -ου, τό	sieve
ἀγγεῖον -ου, τό	bucket
τετρημένος -η -ον	with holes in
ὁμοίως	in a similar way
4 τροχός -οῦ, ὁ	wheel
δέω *aor pass* ἐδέθην	I bind, I fasten
πέτρα -ας, ἡ	rock
ὠθέω	I push
ἄκρον -ου, τό	top, summit
7 κατακυλίνδομαι	I roll down
λίμνη -ης, ἡ	lake
καρπός -οῦ, ὁ	fruit

7   αἱ δὲ ... κολάζονται (lines 1-2): what does the myth say about the daughters of Danaus?   [3]

8   ἀναγκάζονται ... τετρημένον (lines 2-3): what are they forced to do?   [2]

9   καὶ πολλοὶ ... παύεται (lines 4-5): among others suffering similarly, what is the fate of Ixion?   [3]

10   ὁ δὲ Σίσυφος ... κατακυλίνδεται (lines 5-7): describe the frustrating task of Sisyphus.   [3]

11   ὁ δὲ Τάνταλος ... λαβεῖν (lines 7-10): explain in detail how Tantalus suffers.   [5]

12   For each of the following Greek words, give (i) one English word derived from it and (ii) the meaning of the English word:
νέους
μῦθος   [4]

[Total 60]

34   (a) *Zeus sends a flood to punish human wickedness; Deucalion*
builds a boat, and survives with his wife Pyrrha.

πρῶτον μὲν οἱ ἄνθρωποι ἀγαθοὶ ἦσαν, ἔπειτα δὲ κακοὶ
ἐγένοντο. τοὺς γὰρ θεούς οὔτε ἐσέβοντο οὔτε ἐφοβοῦντο. ὁ
οὖν Ζεὺς διὰ ταῦτα ὀργισθεὶς ἐβούλετο πάντας κατακλυσμῷ
διαφθείρειν. πολὺν ὑετὸν ἔποιησεν, ὥστε ὕδωρ πανταχοῦ
5   ἦν. δι' ὀλίγου πλεῖστοι ἀπέθανον. ἦν δὲ εἷς ἀνὴρ ἀγαθός,
Δευκαλίων ὀνόματι, ὃν ὁ Ζεὺς οὐκ ἤθελε μετὰ τῶν ἄλλων
διαφθείρειν. οὗτος υἱὸς ἦν τοῦ Προμηθέως. ὁ δὲ πατὴρ
ἐκέλευσε τὸν Δευκαλίωνα μεγάλην ναῦν ποιῆσαι. ὁ οὖν
Δευκαλίων τοῦτο ἔπραξεν· ἔπειτα δὲ ὁ Δευκαλίων καὶ ἡ
10   Πύρρα, ἡ γυνὴ αὐτοῦ, εἰς τὴν ναῦν εἰσέβησαν, πάντα τὰ
χρήματα φέροντες. καὶ ἐκεῖ πολλὰς ἡμέρας ἔμενον.

τοῦ δὲ ὑετοῦ τέλος παυσαμένου, ἡ ναῦς ἐν ὄρει τινὶ
ἐλείφθη. ὁ οὖν Δευκαλίων καὶ ἡ Πύρρα ἐξέβησαν. τῷ Διὶ
ἔθυσαν διότι ἐκ κινδύνου ἐσώθησαν. ἔπειτα δὲ φωνὴν
15   ἤκουσαν· "δεῖ ὑμᾶς τὰς κεφαλὰς καλύπτειν καὶ τὰ τῆς
μεγάλης μητρὸς ὀστέα εἰς τὸ ὄπισθεν βάλλειν." ἀλλὰ ὁ
Δευκαλίων καὶ ἡ γυνὴ οὐκ οἷοί τ' ἦσαν γιγνώσκειν τί
οὗτοι οἱ λόγοι σημαίνουσιν.

Names

Δευκαλίων -ωνος, ὁ	Deucalion
Προμηθεύς -έως, ὁ	Prometheus
Πύρρα -ας, ἡ	Pyrrha

Vocabulary

	σέβομαι	I worship
	κατακλυσμός -οῦ, ὁ	flood
	ὑετός -οῦ, ὁ	rain
	πανταχοῦ	everywhere
15	καλύπτω	I cover
	ὀστέον -ου, τό	bone
	εἰς τὸ ὄπισθεν	backwards, behind oneself
	σημαίνω	I mean, I indicate

Section 2

1 πρῶτον μὲν ... ἐφοβοῦντο (lines 1-2): when human beings became bad, how did this show itself? [2]

2 ὁ οὖν Ζεὺς ... ἀπέθανον (lines 2-5): explain in detail how Zeus reacted. [5]

3 ἦν δὲ εἷς ... Προμηθέως (lines 5-7): what do we learn about Deucalion here? [3]

4 ὁ δὲ πατὴρ ... ἔπραξεν (lines 7-9): what did Deucalion do, and why? [4]

5 ἔπειτα ... ἔμενον (lines 9-11):
(a) who was Pyrrha? [1]
(b) describe what she and Deucalion did. [5]

6 Translate lines 12-18 into good English. [20]

(Turn over)

(b) *Deucalion and Pyrrha interpret the mysterious message they have received, and repopulate the earth.*

ἡ δὲ <u>Πύρρα</u> νῦν μάλιστα φοβουμένη ἐδάκρυεν. τέλος ὁ
<u>Δευκαλίων</u> τὸ ἀληθὲς ηὗρεν. "<u>ἆρα οὐχ</u> ἡ γῆ" ἔφη "μήτηρ
πάντων ἐστίν; <u>ἆρα οὐ</u> τὰ <u>ὀστέα</u> αὐτῆς <u>λίθοι</u> εἰσίν; οἱ οὖν
θεοὶ κελεύουσιν ἡμᾶς <u>λίθους εἰς τὸ ὄπισθεν</u> βάλλειν."
5   τούτοις οὖν τοῖς λόγοις ἔπεισε τὴν γυναῖκα. ὁ οὖν <u>Δευκαλίων</u>
καὶ ἡ <u>Πύρρα</u> τὰς κεφαλὰς <u>καλύψαντες</u> λίθους <u>εἰς τὸ ὄπισθεν</u>
ἔβαλον. καὶ οἱ <u>λίθοι</u> οὓς ὁ μὲν <u>Δευκαλίων</u> ἔβαλεν ἄνδρες
ἐγένοντο· οὓς δὲ ἡ <u>Πύρρα</u>, γυναῖκες. οὕτως οὖν οἱ ἄνθρωποι
μετὰ τὸν <u>κατακλυσμὸν</u> αὖθις ἐποιήθησαν.

Names

Πύρρα -ας, ἡ	Pyrrha
Δευκαλίων -ωνος, ὁ	Deucalion

Vocabulary

ἆρα οὐ(χ);	surely ... ?
ὀστέον -ου, τό	bone
λίθος -ου, ὁ	stone
εἰς τὸ ὄπισθεν	backwards, behind oneself
6 καλύπτω *aor* ἐκάλυψα	I cover
κατακλυσμός -οῦ, ὁ	flood

7   ἡ δὲ Πύρρα ... ἐδάκρυεν (line 1): which two words best describe
    Pyrrha here?

      A   afraid
      B   hungry
      C   lost
      D   sad
      E   tired   [2]

8   τέλος ... ηὗρεν (lines 1-2): write down a Greek word indicating
    that Deucalion had been puzzled for a long time.   [1]

9   ἆρα οὐχ ... γυναῖκα (lines 2-5): explain in detail how Deucalion
    persuaded his wife with his interpretation of the instructions they
    had been given.   [5]

10 ὁ οὖν Δευκαλίων ... ἔβαλον (lines 5-7): describe the actions of
    Deucalion and Pyrrha.   [4]

11 καὶ οἱ λίθοι ... ἐποιήθησαν (lines 7-9): how is the re-creation of
    human beings of both sexes after the flood explained?   [4]

12 For each of the following Greek words, give (i) one English word
    derived from it and (ii) the meaning of the English word:
    μεγάλην
    γῆ   [4]

[Total 60]

35   (a) *Heracles: Part 1. The hero has an impressive start in life but,
dogged by the hostility of Hera, commits a horrific crime and
afterwards is set Twelve Labours.*

ὁ δὲ ῾Ηρακλῆς ἦν τοῦ Διὸς καὶ τῆς ᾿Αλκμήνης υἱος. ἡ δὲ
῞Ηρα, ἡ τοῦ Διὸς γυνή, ὀργισθεῖσα δύο δράκοντας ἔπεμψεν,
ἵνα τὸ βρέφος διαφθείροιεν. ἡ μὲν οὖν ᾿Αλκμήνη μάλιστα
ἐφοβεῖτο· ὁ δὲ ῾Ηρακλῆς αὐτὸς καίπερ νεογενὴς ὢν τοὺς
5   δράκοντας ῥαδίως ἀπέκτεινε ταῖς χερσίν. ἐπεὶ δὲ νεανίας
ἦν, ἐνέτυχέ ποτε ἐν τῇ ὁδῷ δυοῖν γυναιξίν· ἡ μὲν προύτεινε
τὴν ἡδονήν, ἡ δὲ τὴν ἀρετήν. ὁ δὲ ῾Ηρακλῆς εἵλετο τὴν
ἀρετήν, καίπερ εἰδὼς τὸν βίον χαλεπὸν ἐσόμενον. ὕστερον δὲ
ἔγημε τὴν Μεγάραν, ἧς ὁ πατὴρ βασιλεὺς ἦν τῶν Θηβαίων.
10   ἡ δὲ Μεγάρα τρεῖς υἱοὺς ἔτεκεν. ἀλλὰ ἡ ῞Ηρα ἔτι μισοῦσα
ἔμηνεν αὐτὸν ὥστε τοὺς παῖδας καὶ τὴν γυναῖκα ἀπέκτεινεν.

ἔμφρων δὲ αὖθις γενόμενος, ὑπὸ τῶν θεῶν ἐκελεύσθη
λατρεύειν τῷ Εὐρυσθεῖ τῷ τῆς Τίρυνθος βασιλεῖ, καὶ δώδεκα
μεγάλα ἔργα πράσσειν. ἐν δὲ τῇ Νεμέᾳ λέων τις διέφθειρε
15   τὴν χώραν, ἀλλὰ οὐδεὶς οἷός τ᾿ ἦν ἢ λαμβάνειν ἢ βλάπτειν
αὐτόν. ὁ δὲ ῾Ηρακλῆς ἀφικόμενος ῥαδίως ἔπνιξε τὸν λέοντα,
καὶ τὸ δέρμα αὐτοῦ μετὰ ταῦτα ἐφόρει.

Names

	῾Ηρακλῆς -έους, ὁ	Heracles
	᾿Αλκμήνη -ης, ἡ	Alcmene *(a mortal woman)*
	῞Ηρα -ας, ἡ	Hera
	Μεγάρα -ας, ἡ	Megara
9	Θηβαῖοι -ων, οἱ	Thebans, people of Thebes *(city in central Greece)*
	Εὐρυσθεύς -έως, ὁ	Eurystheus
	Τίρυνς -υνθος, ἡ	Tiryns *(city in southern Greece)*
	Νεμέα -ας, ἡ	Nemea *(city in southern Greece)*

Vocabulary

δράκων -οντος, ὁ	snake
βρέφος -ους, τό	baby
νεογενής -ές	new-born

54

	ἐντυγχάνω *aor* ἐνέτυχον	I meet *(+ dat)*
6	ποτε	once
	προτείνω *impf* προὔτεινον	I offer
	ἡδονή -ῆς, ἡ	pleasure
	ἀρετή -ῆς, ἡ	virtue
	αἱρέομαι *aor* εἱλόμην	I choose
9	γαμέω *aor* ἔγημα	I marry
	τίκτω *aor* ἔτεκον	I give birth to
	μαίνω *aor* ἔμηνα	I make (someone) mad
	ἔμφρων -ον	sane
	λατρεύω	I serve *(+ dat)*
13	δώδεκα	twelve
	λέων -οντος, ὁ	lion
	πνίγω *aor* ἔπνιξα	I strangle
	δέρμα -ατος, τό	skin, hide
	φορέω	I wear

1   ὁ δὲ Ἡρακλῆς ... διαφθείροιεν (lines 1-3): explain why Hera was angry about the birth of Heracles, and what she did as a result.   [5]

2   ἡ μὲν ... χερσίν (lines 3-5):
(a) how did Alcmene react?   [1]
(b) what did the new-born Heracles do with miraculous ease?   [3]

3   ἐπεὶ δὲ ... ἐσόμενον (lines 5-8): describe Heracles' encounter on the road with the two women, and its outcome.   [5]

4   ὕστερον ... ἔτεκεν (lines 8-10): what do we learn here about Heracles' marriage and family?   [4]

5   ἀλλὰ ... ἀπέκτεινεν (lines 10-11): what did Heracles do as a result of Hera maliciously making him mad?   [2]

6   Translate lines 12-17 into good English.   [20]

(Turn over)

(b) *Heracles continues his Labours, completing the first five.*

ὁ δὲ ῾Ηρακλῆς καὶ ῥόπαλον μέγιστον ἀεὶ ἔφερεν. ἡ δὲ
Λερναῖα ὕδρα εἶχεν ἐννέα κεφαλάς. ἐπεὶ δὲ ὁ ῾Ηρακλῆς τὴν
πρώτην κεφαλὴν τῷ ῥοπάλῳ ἀπέκοψεν, ἀντὶ μιᾶς κεφαλῆς δύο
ἐφαίνοντο. ὁ οὖν ῾Ηρακλῆς πυρὶ διέφθειρε πάσας τὰς
5 κεφαλάς. καὶ ἐκ τοῦ τῆς ὕδρας νεκροῦ ἔλαβε φάρμακον, εἰς ὃ
μετὰ ταῦτα τοὺς οἰστοὺς ἔβαψεν. τὸ τρίτον ἔργον ἔπραξεν
ἔλαφον χρυσόκερων λαβών, καὶ τὸ τέταρτον λαβὼν καὶ τὸν
᾽Ερυμάνθιον κάπρον. ἔπειτα δὲ ἐκάθηρε τὸν τοῦ Αὐγέου
σταθμόν, μεστὸν ὄντα κόπρου. τοῦτο δὲ ἐποίησε παρατρέψας
10 δύο ποταμούς, ὥστε διὰ τοῦ σταθμοῦ ῥεῖν.

Names

	῾Ηρακλῆς -έους, ὁ	Heracles
	Λερναῖος -α -ον	of Lerna *(place in southern Greece)*
	᾽Ερυμάνθιος -α -ον	of Erymanthus *(mountain in southern Greece)*
8	Αὐγέας -ου, ὁ	Augeas *(king of a city in southern Greece)*

Vocabulary

	ῥόπαλον -ου, τό	club
	ὕδρα -ας, ἡ	hydra, water-snake
	ἀποκόπτω *aor* ἀπέκοψα	I knock off
	ἀντί	instead of *(+ gen)*
5	φάρμακον -ου, τό	poison
	οἰστός -οῦ, ὁ	arrow
	βάπτω *aor* ἔβαψα	I dip
	τρίτος -η -ον	third
	ἔλαφος -ου, ὁ	deer, stag
7	χρυσόκερως -ων	with golden horns
	τέταρτος -η -ον	fourth
	κάπρος -ου, ὁ	boar, wild pig
	καθαίρω *aor* ἐκάθηρα	I clean out
	σταθμός -οῦ, ὁ	stable
9	μεστός -ή -όν	full
	κόπρος -ου, ὁ	dung

παρατρέπω *aor* παρέτρεψα   I divert
ῥέω   I flow

7   ὁ δὲ ῾Ηρακλῆς ... ἔφερεν (line 1): what did Heracles always carry?   [1]

8   ἡ δὲ Λερναῖα ... κεφαλάς (lines 1-5): describe in detail how Heracles dealt with the multiple heads of the hydra.   [6]

9   καὶ ἐκ τοῦ ... ἔβαψεν (lines 5-6): what useful thing did the hydra's body provide?   [3]

10   τὸ τρίτον ... κάπρον (lines 6-8): what animals did Heracles capture in his third and fourth Labours?   [2]

11   ἔπειτα ... ῥεῖν (lines 8-10): explain how Heracles cleaned out the dung-filled stable of Augeas.   [4]

12   For each of the following Greek words, give (i) one English word derived from it and (ii) the meaning of the English word:
        πυρί
        ὀκτώ   [4]

[Total 60]

36   (a) *Heracles: Part 2. The hero embarks on his remaining Labours.*

ὁ μὲν οὖν Ἡρακλῆς πέντε μὲν ἔργα ἤδη ἔπραξεν· ἑπτὰ δὲ
ἔμενεν. ἀπέκτεινε δὲ τῷ τόξῳ τὰς τῆς Στυμφάλου ὄρνιθας, αἳ
ἀνθρώπους ἤσθιον. μετὰ δὲ ταῦτα ἐκόμισεν ἀπὸ τῆς Κρήτης
τὸν πύρπνοον ταῦρον. ἔπειτα δὲ ἐκόμισεν ἀπὸ τῆς Θρᾴκης
5   ἵππους τινὰς οἳ καὶ ἀνθρώπους ἤσθιον. τότε δὴ ἐκελεύσθη
κομίζειν τὴν ζώνην τὴν τῆς Ἱππολύτης· αὕτη βασίλεια ἦν
τῶν Ἀμαζόνων. ἡ δὲ Ἱππολύτη πρῶτον μὲν τὸν Ἡρακλέα
ἀφικόμενον εὖ ἐδέξατο· ἔπειτα δὲ ἡ Ἥρα, ἔτι μισοῦσα
αὐτόν, ἤγειρε τὰς Ἀμαζονας, καὶ μάχη ἐγένετο. ὁ οὖν
10   Ἡρακλῆς ἀπέκτεινε τὴν βασίλειαν καὶ τὴν ζώνην εἷλεν.

τὸ δὲ δέκατον ἔργον ἦν τόδε· ἔδει τὸν Ἡρακλέα πρὸς τὰ τῆς
γῆς ἔσχατα ἰέναι ἵνα τοὺς τοῦ Γηρυόνου βοῦς κομίζοι· καὶ
τὴν ὁδὸν ποιήσας, τὰς τοῦ Ἡρακλέους στήλας ἔστησεν.
ἔπειτα δὲ ἐκελεύσθη κομίζειν τὰ τῶν Ἑσπερίδων χρυσέα
15   μῆλα. ἀλλὰ χαλεπὸν ἦν ταῦτα εὑρίσκειν. ὁ οὖν Ἄτλας, ὃς τὸν
οὐρανὸν τοῖς ὤμοις φέρει, τὰ μηλα ἐκόμισεν· καὶ ἕως τοῦτο
ἐποίει, ὁ Ἡρακλῆς αὐτὸς ἔφερε τὸν οὐρανόν.

Names

Ἡρακλῆς -έους, ὁ	Heracles
Στύμφαλος -ου, ἡ	Stymphalus (*place in southern Greece*)
Κρήτη -ης, ἡ	Crete
4 Θρᾴκη -ης, ἡ	Thrace (*region north of Greece*)
Ἱππολύτη -ης, ἡ	Hippolyte
Ἀμαζόνες -ων, αἱ	Amazons (*race of female warriors*)
Ἥρα -ης, ἡ	Hera
Γηρυόνης -ου, ὁ	Geryon (*ruler of far western island*)
14 Ἑσπερίδες -ων, αἱ	Hesperides (*nymphs in far west*)
Ἄτλας -αντος, ὁ	Atlas

Vocabulary

τόξον -ου, τό	bow
ὄρνις -ιθος, ἡ	bird
κομίζω *aor* ἐκόμισα	I fetch, I bring back

	πύρπνοος -ον	fire-breathing
4	ταῦρος -ου, ὁ	bull
	ζώνη -ης, ἡ	girdle, belt
	βασίλεια -ας, ἡ	queen
	ἐγείρω *aor* ἤγειρα	I stir up, I arouse
	δέκατος -η -ον	tenth
12	ἔσχατος -η -ον	furthest, most distant
	βόες -ων *(acc pl* βοῦς), οἱ	cattle
	στήλη -ης, ἡ	pillar *(the 'Pillars of Heracles' marked the Strait of Gibraltar)*
	ἔστησε(ν) *(irreg aor)*	(he) set up
14	χρύσεος -α -ον	golden
	μῆλον -ου, τό	apple
	οὐρανός -οῦ, ὁ	sky
	ὦμος -ου, ὁ	shoulder
	ἔως	while

1   ὁ μὲν οὖν ... ἤσθιον (lines 1-3): what was Heracles' sixth Labour?   [3]

2   μετὰ δὲ ... ἤσθιον (lines 3-5):
    (a) write down a Greek word indicating why the Cretan bull was especially dangerous;   [1]
    (b) how did the eighth Labour resemble the sixth?   [3]

3   τότε ... ἐδέξατο (lines 5-8): describe in detail Heracles' encounter with Hippolyte.   [5]

4   ἔπειτα ... ἐγένετο (lines 8-9): how and why did Hera intervene again?   [4]

5   ὁ οὖν Ἡρακλῆς ... εἷλεν (lines 9-10): what was the outcome of the battle?   [4]

6   Translate lines 11-17 into good English.   [20]

(Turn over)

(b) *After Heracles has successfully completed his Labours his life has a harrowing end, but he is finally rewarded.*

νῦν δὲ ὁ ˈΗρακλῆς τὸ τελευταῖον καὶ χαλεπώτατον ἔργον
ἔπραξεν· κατέβη γὰρ εἰς ˈΑιδου ἵνα κομίζοι τὸν Κέρβερον.
εὑρὼν δὲ τὸν κύνα, ὃς τρεῖς κεφαλὰς εἶχεν, τὰς πύλας
φυλάσσοντα, τὰς χεῖρας αὐτῷ περιέβαλεν. τῶν δὲ ἔργων
5 πραχθέντων, ἔγημε τὴν Δηιάνειραν. καὶ αὕτη μάλιστα ἐφίλει
τὸν ἄνδρα, ἀλλὰ ἀκουσίως διέφθειρεν αὐτόν. ἦν γὰρ νέα
αἰχμαλωτίς, ˈΙόλη ὀνόματι, ἥν ὁ ˈΗρακλῆς ἐφίλει. ἡ οὖν
Δειάνειρα, ἵνα ὁ ἀνὴρ ἑαυτὴν αὖθις φιλοίη, ἔπεμψεν αὐτῷ
ἱμάτιον φαρμάκῳ χρισθέν· ἐνόμιζε γὰρ φίλτρον εἶναι, ἀλλὰ
10 τὸ ἱμάτιον ἀπεσπάραξε τὴν σάρκα αὐτοῦ. ὁ δὲ ˈΗρακλῆς οὕτω
δεινῶς ἔπαθεν ὥστε πυρὰν ἑαυτῷ ἐποίησε καὶ ἐκέλευσε τοὺς
φίλους ὑφάπτειν. καιομένης δὲ τῆς πυρᾶς, ἀνέβη εἰς τὸν
οὐρανόν, καὶ ἐκεῖ ἀθάνατος ἐγένετο.

Names

ˈΗρακλῆς -έους, ὁ	Heracles
εἰς ˈΑιδου	to (the house of) Hades, to the Underworld *(Hades was its god)*
Κέρβερος -ου, ὁ	Cerberus
5 Δηιάνειρα -ας, ἡ	Deianeira *(second wife of Heracles)*
ˈΙόλη -ης, ἡ	Iole

Vocabulary

τελευταῖος -α -ον	final
κομίζω *aor* ἐκόμισα	I fetch, I bring back
κύων κυνός, ὁ	dog
φυλάσσω	I guard
5 γαμέω *aor* ἔγημα	I marry
ἀκουσίως	unintentionally
αἰχμαλωτίς -ίδος, ἡ	female prisoner of war
ἱμάτιον -ου, τό	garment
φάρμακον -ου, τό	drug, ointment
9 χρίω *aor pass* ἐχρίσθην	I smear
φίλτρον -ου, τό	love potion

Section 2

ἀποσπαράσσω
   aor ἀπεσπάραξα   I tear away
σάρξ σαρκός, ἡ   flesh
11   πυρά -ᾶς, ἡ   funeral pyre
      ὑφάπτω   I light, I set fire to
      οὐρανός -οῦ, ὁ   sky, heaven
      ἀθάνατος -ον   immortal

7   νῦν δὲ ... περιέβαλεν (lines 1-4): describe in detail Heracles' final Labour.   [5]

8   τῶν δὲ ... Δηιάνειραν (lines 4-5): what did Heracles do after completing his Labours?   [1]

9   καὶ αὕτη ... αὐτοῦ (lines 5-10): explain how Deianeira fatally harmed Heracles without intending to.   [5]

10   ὁ δὲ Ἡρακλῆς ... ὑφάπτειν (lines 10-12): what did Heracles do as a result of his extreme suffering?   [3]

11   καιομένης ... ἐγένετο (lines 12-13): what happened when Heracles was burned on the pyre?   [2]

12   For each of the following Greek words, give (i) one English word derived from it and (ii) the meaning of the English word:
        ἵππους
        μισοῦσα   [4]

[Total 60]

37 (a) *Pyramus and Thisbe are determined to overcome obstacles to their love.*

ὁ δὲ <u>Πύραμος</u> ἐν τῇ <u>Βαβυλῶνι</u> ᾤκει· νεανίας κάλλιστος ἦν,
καὶ τὴν <u>Θίσβην</u> ἐφίλει. αὕτη καὶ τὸν <u>Πύραμον</u> ἐφίλει, ἀλλὰ
οἱ <u>γονεῖς</u> <u>ἐκώλυσαν</u> τὸν <u>γάμον</u>. αἱ δὲ οἰκίαι αὐτῶν <u>ὅμοροι</u>
ἦσαν, ἀλλὰ οἱ <u>γονεῖς</u> <u>ἀπηγόρευον</u> αὐτοὺς <u>συνεῖναι</u>. ἐν δὲ
5   τῷ τῶν δυοῖν οἰκιῶν <u>τείχει</u> ἦν <u>τρῆμα</u> μικρόν, διὰ οὗ οἱοί
τ' ἦσαν λάθρᾳ λέγειν. πολλάκις δὲ <u>Πύραμος</u> "ὦ <u>τεῖχος</u>" ἔφη
"διὰ τί ἡμᾶς <u>συνεῖναι</u> <u>κωλύεις</u>; ὦ <u>τρῆμα</u>, διὰ τί οὐ μεῖζον εἶ;"
καὶ πολλάκις <u>ἐκύνουν</u> τὸ <u>τεῖχος</u>. τέλος δέ, διότι οὐκ ἤθελον
τὸ αὐτὸ ἀεὶ πράσσειν, ἔδοξεν αὐτοῖς τῆς νυκτὸς ἐκ τῶν
10   οἰκιῶν λάθρᾳ <u>ἐξελθεῖν</u> καὶ ἐπὶ τὸν τοῦ <u>Νίνου</u> <u>τάφον</u> <u>συνεῖναι</u>.

ταύτην οὖν τὴν βουλὴν ἐποίησαν. ἡ δὲ <u>Θίσβη</u>, πρὸς τὸν
<u>τάφον</u> ἀφικομένη πρώτη, <u>ὑπὸ</u> <u>μόρῳ</u> ἔκαθισεν· ὁ δε τοῦ
δένδρου <u>καρπὸς</u> τότε <u>λευκὸς</u> ἦν. <u>ἐξαίφνης</u> προσῆλθε <u>λέαινα</u>,
<u>στόμα</u> <u>αἱματηρὸν</u> ἔχουσα. ἡ δὲ <u>Θίσβη</u> μάλιστα φοβουμένη
15   εὐθὺς ἔφυγε, τὴν <u>ταενίαν</u> τύχῃ <u>καταβαλοῦσα</u>. ἡ δὲ <u>λέαινα</u>
τὴν <u>ταενίαν</u> εὑροῦσα καὶ <u>σπαράξασα</u> <u>αἱματηρὰν</u> ἔλιπεν.

Names

Πύραμος -ου, ὁ	Pyramus
Βαβυλών -ῶνος, ἡ	Babylon (*city in modern Iraq*)
Θίσβη -ης, ἡ	Thisbe
Νίνος -ου, ὁ	Ninus (*founding king of Nineveh; his tomb was near Babylon*)

Vocabulary

γονεῖς -έων, οἱ	parents
κωλύω *aor* ἐκώλυσα	I prevent (something); I prevent (someone) from (+ *inf*)
γάμος -ου, ὁ	marriage
3 ὅμορος -ον	adjacent
ἀπαγορεύω	I forbid
σύνειμι *inf* συνεῖναι	I am together
τεῖχος -ους, τό	wall
τρῆμα -ατος, τό	hole, crack

8	κυνέω	I kiss
	τάφος -ου, ὁ	tomb
	ὑπό	under *(+ dat)*
	μόρον -ου, τό	mulberry tree
	καρπός -οῦ, ὁ	fruit, berries
13	λευκός -ή -όν	white
	ἐξαίφνης	suddenly
	λέαινα -ης, ἡ	lioness
	στόμα -ατος, τό	mouth
	αἱματηρός -ά -όν	covered in blood
15	ταενία -ας, ἡ	scarf
	καταβάλλω *aor* κατέβαλον	I drop
	σπαράσσω *aor* ἐσπάραξα	I tear

1 ὁ δὲ Πύραμος ... γάμον (lines 1-3): what are we told about Pyramus and Thisbe here? [5]

2 αἱ δὲ οἰκίαι ... συνεῖναι (lines 3-4): though they lived next door to each other, what obstacle was there to their relationship? [1]

3 ἐν δὲ τῷ ... λέγειν (lines 4-6): explain what made the situation easier. [4]

4 πολλάκις ... τεῖχος (lines 6-8): how was the cracked wall
(a) reproached? [4]
(b) treated? [1]

5 τέλος ... συνεῖναι (lines 8-10): describe in detail what they finally decided to do. [5]

6 Translate lines 11-16 into good English. [20]

(Turn over)

(b) *Their plan goes tragically wrong, but they are united in death.*

ὁ δὲ <u>Πύραμος</u> δι' ὀλίγου ἀφίκετο. τὰ δὲ τῆς <u>λεαίνης</u> ἴχνη καὶ
τὴν <u>αἱματηρὰν</u> <u>ταενίαν</u> αἰσθόμενος, ἐνόμισε τὴν Θίσβην
ἀποθανεῖν. "καὶ ἐγώ" ἔφη "ἀποθανοῦμαι. <u>αἴτιος</u> γάρ εἰμι
διότι <u>ὄψε</u> ἀφικόμην." καὶ ἑαυτὸν εὐθὺς <u>ξίφει</u> ἀπέκτεινεν.
5 ἔπειτα δὲ ἡ <u>Θίσβη</u> <u>ἐπανῆλθεν</u> ἵνα ζητοίη τὸν νεανίαν. τὸν
τοῦ <u>Πυράμου</u> νεκρὸν καὶ τὴν <u>αἱματηρὰν</u> <u>ταενίαν</u> αἰσθομένη,
εὐθὺς ἔγνω τί ἐγένετο. "καὶ ἐγώ" ἔφη "ἀποθανοῦμαι. οὐχ
οἷοί τ' ἦμεν ἐν τῇ αὐτῇ οἰκίᾳ οἰκεῖν, ἀλλὰ ἐν τῷ αὐτῷ <u>τάφῳ</u>
οἱ <u>γονεῖς</u> ἡμᾶς θάψουσιν." καὶ ἑαυτὴν εὐθὺς τῷ αὐτῷ <u>ξίφει</u>
10 ἀπέκτεινεν. διὰ δὲ ταῦτα ὁ τοῦ <u>μόρου</u> <u>καρπὸς</u> νῦν ἔχει τὸ τοῦ
<u>αἵματος</u> <u>χρῶμα</u>.

Names

Πύραμος -ου, ὁ	Pyramus
Θίσβη -ης, ἡ	Thisbe

Vocabulary

	λέαινα -ης, ἡ	lioness
	ἴχνος -ους, τό	footprint
	αἱματηρός -ά -όν	covered in blood
	ταενία -ας, ἡ	scarf
3	αἴτιος -α -ον	responsible, to blame
	ὄψε	too late
	ξίφος -ους, τό	sword
	ἐπανέρχομαι *aor* ἐπανῆλθον	I return
	τάφος -ου, ὁ	tomb
9	γονεῖς -έων, οἱ	parents
	μόρον -ου, τό	mulberry tree
	καρπός -οῦ, ὁ	fruit, berries
	αἷμα -ατος, τό	blood
	χρῶμα -ατος, τό	colour

7   ὁ δὲ Πύραμος ... ἀποθανεῖν (lines 1-3):
     (a) what did Pyramus see when he arrived?   [2]
     (b) what conclusion did he draw?   [1]

8   καὶ ἐγώ ... ἀπέκτεινεν (lines 3-4): what did he then say and
     do?   [3]

9   ἔπειτα ... ἐγένετο (lines 5-7): what did Thisbe see when she came
     back to look for Pyramus?   [2]

10   καὶ ἐγώ ... θάψουσιν (lines 7-9): explain how, according to Thisbe,
     the lovers would achieve in death what they had failed to achieve in
     life.   [4]

11   καὶ ἑαυτὴν ... χρῶμα (lines 9-11):
     (a) what did Thisbe then do?   [2]
     (b) how does the mulberry tree commemorate the lovers'
     tragedy?   [2]

12   For each of the following Greek words, give (i) one English word
     derived from it and (ii) the meaning of the English word:
         μικρόν
         φοβουμένη   [4]

[Total 60]

38   (a) *Daedalus plans a novel way of escaping from Crete, and warns his son Icarus about the perils of their journey.*

ὁ <u>Δαίδαλος</u> <u>τέκτων</u> ἦν, ὑπὸ πάντων θαυμαζόμενος. ἐν δὲ τῇ
<u>Κρήτῃ</u> πολλὰ ἔτη ἔμενεν. ἀλλὰ ὁ <u>Δαίδαλος</u> καὶ ὁ υἱὸς αὐτοῦ,
ˮΙκαρος ὀνόματι, νῦν ἐβούλοντο φεύγειν, διότι ἐκεῖ οὐκ
ἐλεύθεροι ἦσαν· ὁ γὰρ <u>Μίνως</u>, ὁ τῆς νήσου βασιλεύς,
5   ἠνάγκασεν αὐτοὺς μένειν. ὁ οὖν <u>Δαίδαλος</u> "ὁ <u>Μίνως</u>" ἔφη
"τῆς μὲν γῆς καὶ τῆς θαλάσσης ἄρχει· τοῦ δὲ <u>οὐρανοῦ</u> οὐκ
ἄρχει. ἡμεῖς οὖν διὰ τοῦ <u>οὐρανοῦ</u> φευξόμεθα." ἔπειτα δὲ ὁ
<u>Δαίδαλος</u> νέαν <u>τέχνην</u> ηὗρεν, ἵνα ἄνθρωποι οἷοί τ' εἶεν <u>ὥσπερ</u>
<u>ὄρνιθες</u> <u>πέτεσθαι</u>. πτερὰ γὰρ ἐποίησε, <u>κηρῷ</u> <u>συναφθέντα</u>. ὁ δὲ
10   υἱὸς ἐθαύμασε τὰ <u>πτερά</u>, τὸν κίνδυνον οὐ γιγνώσκων.

ὁ οὖν <u>Δαίδαλος</u> "νῦν" ἔφη "οἷοί τ' ἐσόμεθα <u>ὥσπερ</u> <u>ὄρνιθες</u>
<u>πέτεσθαι</u>, ἀλλὰ ἡ ὁδὸς χαλεπὴ ἔσται. δεῖ σε πιστεύειν καὶ
πείθεσθαι τῷ πατρί. πολλοὶ γὰρ κίνδυνοι ἡμῖν ἔσονται. τὸ
μὲν πῦρ τὸ τοῦ <u>ἡλίου</u> καίει, ἐν δὲ τῇ θαλάσσῃ εὑρίσκεται
15   θάνατος δεινότερος. ἐγὼ ἄξω σε, καὶ δεῖ σε ἕπεσθαί μοι."
ὁ δὲ ˮΙκαρος εἶπεν ὅτι ταῦτα ποιήσει, καὶ ἤρξαντο <u>πέτεσθαι</u>.

Names

Δαίδαλος -ου, ὁ	Daedalus
Κρήτη -ης, ἡ	Crete
ˮΙκαρος -ου, ὁ	Icarus
Μίνως -ω, ὁ	Minos

Vocabulary

	τέκτων -ονος, ὁ	craftsman
	οὐρανός -οῦ, ὁ	sky
	τέχνη -ης, ἡ	skill
	ὥσπερ	just like
9	ὄρνις -ιθος, ὁ/ἡ	bird
	πέτομαι	I fly
	πτερόν -οῦ, τό	wing
	κηρός -οῦ, ὁ	wax

	συνάπτω *aor pass* συνήφθην	I fasten together
14	ἥλιος -ου, ὁ	sun

1 ὁ Δαίδαλος ... ἔμενεν (lines 1-2): what do we learn about
   Daedalus here?   [4]

2 ἀλλὰ ... μένειν (lines 2-5): why could Daedalus and Icarus not
   escape as they wished?   [3]

3 ὁ οὖν Δαίδαλος ... φευξόμεθα (lines 5-7):
   (a) what did Daedalus say about the extent and limits of Minos'
   power?   [4]
   (b) what did he resolve to do?   [1]

4 ἔπειτα ... πέτεσθαι (lines 7-9): what did Daedalus then do, and
   why?   [4]

5 πτερὰ ... γιγνώσκων (lines 9-10):
   (a) what did Daedalus make?   [2]
   (b) describe his son's reaction.   [2]

6 Translate lines 11-16 into good English.   [20]

(Turn over)

(b) *Icarus becomes disastrously over-ambitious.*

πρῶτον μὲν ὁ πατὴρ καὶ ὁ υἱός, τὴν <u>Κρήτην</u> λιπόντες, διὰ
τοῦ <u>οὐρανοῦ</u> τοῖς <u>πτεροῖς</u> ἐφέροντο. ἔπειτα δὲ ὁ ῎Ικαρος,
ἀνδρειότερος γενόμενος, ἐβούλετο <u>ὑψηλότερον</u> <u>πέτεσθαι</u>. τὸν
οὖν πατέρα ἔλιπεν, καὶ πρὸς τὸν <u>ἥλιον</u> προσέβαινεν. ἀλλὰ
5 ὁ <u>ἥλιος</u> <u>ἔτηκε</u> τὸν <u>κηρόν</u>. ὁ δὲ παῖς ἐβούλετο <u>κινεῖν</u> τὰ <u>πτερά</u>,
ἀλλὰ <u>πτερὰ</u> <u>οὐκέτι</u> εἶχεν. ὁ οὖν ῎Ικαρος εἰς τὴν θάλασσαν
ἔπεσε, τὸν πατέρα ἔτι καλῶν. ὁ οὖν πατήρ, <u>οὐκέτι</u> πατὴρ ὤν,
"ὦ <u>῎Ικαρε</u>" ἔφη "ποῦ εἶ; ποῦ εὑρήσω σε;" ἔπειτα δέ, τὰ <u>πτερὰ</u>
ἐν τῇ θαλάσσῃ αἰσθόμενος, <u>ἐμέμψατο</u> τὴν ἑαυτοῦ <u>τέχνην</u>. τὸ
10 δὲ τοῦ υἱοῦ νεκρὸν εὑρεθέντα ἔθαψεν. ἐκείνη ἡ θάλασσα τὸ
τοῦ παιδὸς ὄνομα ἔτι ἔχει.

Names

Κρήτη -ης, ἡ	Crete
῎Ικαρος -ου, ὁ	Icarus

Vocabulary

	οὐρανός -οῦ, ὁ	sky
	πτερόν -οῦ, τό	wing
	ὑψηλότερον	higher
	πέτομαι	I fly
4	ἥλιος -ου, ὁ	sun
	τήκω	I melt
	κηρός -οῦ, ὁ	wax
	κινέω	I move, I flap
	οὐκέτι	no longer
9	μέμφομαι *aor* ἐμεμψάμην	I condemn
	τέχνη -ης, ἡ	skill

Section 2

7   πρῶτον ... ἐφέροντο (lines 1-2): what happened when Daedalus
    and Icarus left Crete?   [2]

8   ἔπειτα ... προσέβαινεν (lines 2-4): describe what Icarus did next,
    and why.   [4]

9   ἀλλὰ ... καλῶν (lines 4-7): explain how Icarus became over-
    confident, and suffered for it.   [4]

10 ὁ οὖν πάτηρ ... τέχνην (lines 7-9): describe in detail Daedalus'
    sequence of reactions.   [4]

11 τὸ δὲ ... ἔχει (lines 9-11):
    (a) what did Daedalus then do?   [1]
    (b) how is the name of the Icarian Sea explained?   [1]

12 For each of the following Greek words, give (i) one English word
    derived from it and (ii) the meaning of the English word:
           ἄρχει
           αἰσθόμενος   [4]

[Total 60]

39   (a) *Oedipus: Part 1. Oedipus survives his father's attempts to get rid of him because of one terrible prophecy, but later receives another himself.*

ὁ δὲ <u>Λάιος</u>, ὁ τῶν <u>Θηβαίων</u> βασιλεύς, δεινὸν <u>μαντεῖον</u>
ἐδέξατο· "ὁ υἱὸς ἀποκτενεῖ σε." ἐπεὶ οὖν ἡ ᾿Ιοκάστη, ἡ τοῦ
<u>Λαίου</u> γυνή, παῖδα <u>ἔτεκεν</u>, ὁ <u>Λάιος</u> ἐκέλευσε δοῦλόν τινα τὸ
<u>βρέφος</u> ἐν τοῖς ὄρεσι λείπειν· καὶ οἱ πόδες αὐτοῦ <u>περόνῃ</u>
5 <u>συνεδέθησαν</u>. ἀλλὰ ὁ δοῦλος, <u>οἰκτείρων</u> τὸν παῖδα, <u>ἔδωκεν</u>
αὐτὸν <u>ποιμένι</u> <u>Κορινθίῳ</u>. οὗτος δὲ ὕστερον <u>ἔδωκε</u> τὸ <u>βρέφος</u>
τῷ τῆς <u>Κορίνθου</u> βασιλεῖ καὶ τῇ γυναικὶ αὐτοῦ, διότι υἱὸν οὐκ
εἶχον. καὶ ὁ παῖς <u>Οἰδίπους</u> ἐκλήθη διὰ τοὺς πόδας τοὺς
<u>οἰδοῦντας</u>. μετὰ δὲ πολλὰ ἔτη, ἐπεὶ ὁ <u>Οἰδίπους</u> νεανίας
10 ἐγένετο, ἄνηρ τις <u>μεθύων</u> "σύ" ἔφη "<u>νόθος</u> εἶ."

ὁ οὖν <u>Οἰδίπους</u> μάλιστα ὠργίσθη. ὁ δὲ τῆς <u>Κορίνθου</u>
βασιλεύς, ὃν ἐνόμιζε τὸν πατέρα εἶναι, εἶπεν ὅτι οἱ
τοῦ <u>μεθύοντος</u> λόγοι οὐκ ἀληθεῖς εἰσιν. ἀλλὰ ὁ νεανίας,
οὐ πιστεύων αὐτῷ, πρὸς τοὺς <u>Δελφοὺς</u> εὐθὺς <u>ἐπορεύθη</u>.
15 ἐκεῖ ἀπὸ τοῦ θεοῦ δεινὸν <u>μαντεῖον</u> ἐδέξατο· "σὺ τὸν μὲν
πατέρα ἀποκτενεῖς, τὴν δὲ μητέρα <u>γαμήσεις</u>." ὁ οὖν
<u>Οἰδίπους</u> οὐδέποτε πρὸς τὴν <u>Κόρινθον</u> <u>ἐπανῆλθεν</u>.

Names

	Λάιος -ου, ὁ	Laius
	Θηβαῖοι -ων, οἱ	Thebans, people of Thebes *(city in central Greece)*
	᾿Ιοκάστη -ης, ἡ	Jocasta
6	Κορίνθιος -α -ον	Corinthian, from Corinth *(city in central Greece)*
	Κόρινθος -ου, ἡ	Corinth
	Οἰδίπους -οδος, ὁ	Oedipus *(literally 'swollen-footed')*
	Δελφοί -ῶν, οἱ	Delphi *(oracle in central Greece)*

Vocabulary

μαντεῖον -ου, τό	oracle, prophecy
τίκτω *aor* ἔτεκον	I give birth to
βρέφος -ους, τό	baby

	περόνη -ης, ἡ	pin
5	συνδέω *aor pass* συνεδέθην	I fasten together
	οἰκτείρω	I pity
	ἔδωκε(ν) *(irreg aor)*	(he) gave
	ποιμήν -ένος, ὁ	shepherd
	οἰδέω	I am swollen
10	μεθύω	I am drunk
	νόθος -η -ον	illegitimate, bastard
	πορεύομαι *aor* ἐπορεύθην	I travel
	γαμέω *fut* γαμήσω	I marry
	ἐπανέρχομαι *aor* ἐπανῆλθον	I return, I go back

1   ὁ δὲ Λάιος ... ἀποκτενεῖ σε (lines 1-2): who was Laius, and what was he told by an oracle? [3]

2   ἐπεὶ ... συνεδέθησαν (lines 2-5): describe in detail what happened after Jocasta gave birth to a son. [5]

3   ἀλλὰ ... εἶχον (lines 5-8):
(a) what did the slave do with the baby, and why? [3]
(b) what did the Corinthian shepherd then do with the baby, and why? [3]

4   καὶ ὁ παῖς ... οἰδοῦντας (lines 8-9): how did Oedipus get his name? [2]

5   μετὰ δὲ ... νόθος εἶ (lines 9-10): explain when and how Oedipus was challenged about his origins. [4]

6   Translate lines 11-17 into good English. [20]

(Turn over)

(b) *In the course of his travels Oedipus becomes involved in a road rage incident.*

μετὰ δὲ ταῦτα ὁ <u>Οἰδίπους</u> διὰ τῆς <u>Ἑλλάδος</u> πολὺν χρόνον
<u>ἐπορεύετο</u>. ἦλθέν <u>ποτε</u> πρὸς <u>τόπον</u> τινὰ ἐν ᾧ τρεῖς ὁδοὶ
<u>συμβάλλουσιν</u>. ἐκεῖ <u>ἐνέτυχεν</u> γέροντι ὃς ἐν <u>ἅρματι</u> ἐφέρετο·
καὶ πέντε δοῦλοι μετὰ αὐτοῦ ἦσαν. εἷς τούτων ἐκέλευσε τὸν
5 <u>Οἰδίποδα</u> <u>παραχωρεῖν</u>· στενὴ γὰρ ἦν ἡ ὁδός. ὁ δὲ νεανίας οὐκ
ἐπίθετο. τότε δὴ ὁ γέρων <u>σκήπτρῳ</u> ἔβαλεν τὸν <u>Οἰδίποδα</u>. ὁ δὲ
<u>Οἰδίπους</u> νῦν μάλιστα ὀργισθεὶς ἀπέκτεινε τὸν γέροντα καὶ
τοὺς δούλους, πλὴν ἑνὸς ὃς ἔφυγεν. καὶ ταῦτα ποιήσας
ἀφίκετο πρὸς τὰς <u>Θήβας</u>.

Names

Οἰδίπους -οδος, ὁ	Oedipus
Ἑλλάς -άδος, ἡ	Greece
Θῆβαι -ῶν, αἱ	Thebes

Vocabulary

	πορεύομαι	I travel
	ποτε	once
	τόπος -ου, ὁ	place
	συμβάλλω	I join, I meet
3	ἐντυγχάνω *aor* ἐνέτυχον	I meet with, I encounter (+ *dat*)
	ἅρμα -ατος, τό	chariot
	παραχωρέω	I move aside, I give way
	στενός -ή -όν	narrow
	σκῆπτρον -ου, τό	sceptre, staff

7   μετὰ δὲ ... συμβάλλουσιν (lines 1-3):
    (a) what did Oedipus do next?   [3]
    (b) describe the place he came to.   [1]

8   ἐκεῖ ... ἦσαν (lines 3-4): describe the group of people he met
    there.   [4]

9   εἰς ... ὁδός (lines 4-5): what was Oedipus ordered to do, and
    why?   [2]

10 ὁ δὲ νεανίας ... ἔφυγεν (lines 5-8): explain in detail how the
    incident escalated.   [5]

11 καὶ ταῦτα ... Θήβας (lines 8-9): what did Oedipus do after
    this?   [1]

12 For each of the following Greek words, give (i) one English word
    derived from it and (ii) the meaning of the English word:
              πέντε
              γέρων   [4]

                                                          [Total 60]

40   (a) *Oedipus: Part 2. Oedipus solves the riddle of the Sphinx and is rewarded.*

ἡ δὲ <u>Σφίγξ</u>, <u>θηρίον</u> δεινόν, εἰς τὰς <u>Θήβας</u> πρότερον ἀφίκετο
<u>προτείνουσα αἴνιγμα</u> τοῖς πολίταις· "τί ἐστι, ὃ <u>ἔωθεν</u>
τέσσαρας πόδας ἔχει, τῇ <u>μεσημβρίᾳ</u> δύο, τῇ ἑσπέρᾳ τρεῖς;"
ἀλλὰ τὸ <u>αἴνιγμα</u> οὕτω χαλεπὸν ἦν ὥστε οὐδεὶς οἷός τ' ἦν
5   ἀποκρίνεσθαι. ὁ δὲ <u>Οἰδίπους</u> εἰς τὰς <u>Θήβας</u> τότε ἀφικόμενος
ηὗρε τὸ ἀληθὲς περὶ τοῦ <u>αἰνίγματος</u>· ἄνθρωπός ἐστι ὃς
πρῶτον μὲν τέσσαρας πόδας ἔχει, ἔπειτα δὲ δύο, τέλος δὲ
τρεῖς. τὸ γὰρ <u>βρέφος</u> βαίνει <u>καὶ ἐπὶ</u> τοῖς ποσὶν <u>καὶ ἐπι</u> ταῖς
χερσίν, <u>ὥσπερ</u> τέσσαρας πόδας ἔχον· ὕστερον δὲ ὁ ἀνὴρ
10   βαίνει <u>ἐπὶ</u> δυοῖν ποσίν· τέλος δὲ ὁ γέρων ἔχει <u>βάκτρον</u>,
<u>ὥσπερ τρίτον</u> πόδα.

ἔπειτα δὲ ἡ <u>Σφίγξ</u> ἑαυτὴν ἀπέκτεινεν. οἱ οὖν πολῖται
<u>ἔχαιρον</u>. ὁ δὲ <u>Οἰδίπους</u>, μεγίστην τίμην νῦν ἔχων, ἆθλον
ἐδέξατο· βασιλεὺς τῶν <u>Θηβῶν</u> ἐγένετο, καὶ <u>ἔγημε</u> τὴν
15   <u>βασίλειαν</u>. αὕτη γὰρ <u>χήρα</u> ἦν, διότι ξένος τις πρότερον
ἐν τῇ ὁδῷ ἀπέκτεινε τὸν ἄνδρα. οὗτος ὁ γέρων ὁ ἀποθανὼν
ἐκλήθη <u>Λάιος</u>, καὶ ἡ γυνὴ αὐτοῦ Ἰοκάστη. ἀλλὰ ὁ <u>Οἰδίπους</u>
οὐκ ἔγνω αὐτοὺς ὄντας τοὺς ἑαυτοῦ <u>γονέας</u>.

Names

	Σφίγξ Σφιγγός, ἡ	Sphinx
	Θῆβαι -ῶν, αἱ	Thebes
	Οἰδίπους -οδος, ὁ	Oedipus
	Λάιος -ου, ὁ	Laius
17	Ἰοκάστη -ης, ἡ	Jocasta

Vocabulary

	θηρίον -ου, τό	monster
	προτείνω	I put forward
	αἴνιγμα -ατος, τό	riddle
	ἔωθεν	in the morning
3	μεσημβρία -ας, ἡ	noon, midday
	βρέφος -ους, τό	baby
	καί ... καί	both ... and

	ἐπί	on, using *(+ dat)*
	ὥσπερ	as if
10	βάκτρον -ου, τό	walking-stick
	τρίτος -η -ον	third
	χαίρω	I rejoice, I am happy
	γαμέω *aor* ἔγημα	I marry
	βασίλεια -ας, ἡ	queen
15	χήρα -ας, ἡ	widow
	γονεῖς -έων, οἱ	parents

1 ἡ δὲ Σφίγξ ... πολίταις (lines 1-2): what do we learn here about
   the Sphinx?   [5]

2 τί ἐστι ... τρεῖς (lines 2-3): what was the riddle?   [4]

3 ἀλλὰ ... ἀποκρίνεσθαι (lines 4-5): what problem did it create? [2]

4 ὁ δὲ Οἰδίπους ... τρεῖς (lines 5-8):
   (a) who discovered the truth, and when?   [2]
   (b) what was the answer?   [1]

5 τὸ γὰρ ... πόδα (lines 8-11): describe in detail Oedipus'
   explanation of the riddle.   [6]

6 Translate lines 12-18 into good English.   [20]

(Turn over)

(b) *Oedipus uncovers the horrific riddle of his own life.*

ὁ <u>Οἰδίπους</u> καὶ ἡ ᾽Ιοκάστη, ἢ <u>καὶ</u> μήτηρ αὐτοῦ ἦν <u>καὶ</u> γυνή,
δύο υἱοὺς καὶ δύο θυγατέρας εἶχον. ὁ βασιλεὺς καὶ πάντες
οἱ <u>Θηβαῖοι</u> πολλὰ ἔτη εὐτυχεῖς ἦσαν. ἔπειτα δὲ νόσος
κακίστη ἐν τῇ πόλει ἐγένετο. οἱ <u>Θηβαῖοι</u> δεινὸν <u>μαντεῖον</u>
5 ἐδέξαντο· "δεῖ εὑρίσκειν καὶ <u>ἐξελαύνειν</u> τὸν ἄνδρα ὃς
ἀπέκτεινε τὸν <u>Λάιον</u>." τέλος δὲ ὁ δοῦλος ὁ <u>πάλαι</u> κελευσθεὶς
τὸ <u>βρέφος</u> ἐν τοῖς ὄρεσιν λείπειν, ὁ αὐτὸς ὃς ὕστερον ἔφυγε
τοῦ βασιλέως <u>βίᾳ</u> ἀποθανόντος, <u>ἐμήνυσε</u> πάντα· ὁ <u>Οἰδίπους</u>
κατὰ τὸ <u>μαντεῖον</u> ἀπέκτεινε τὸν πατέρα, καὶ τὴν μητέρα
10 <u>ἔγημεν</u>.

Names

Οἰδίπους -οδος, ὁ	Oedipus
᾽Ιοκάστη -ης, ἡ	Jocasta
Θηβαῖοι -ων, οἱ	Thebans, people of Thebes
Λάιος -ου, ὁ	Laius

Vocabulary

καί ... καί	both ... and
μαντεῖον -ου, τό	oracle, prophecy
ἐξελαύνω	I drive out
πάλαι	long ago
7 βρέφος -ους, τό	baby
βία -ας, ἡ	violence
μηνύω *aor* ἐμήνυσα	I reveal
γαμέω *aor* ἔγημα	I marry

7   ὁ Οἰδίπους ... εἶχον (lines 1-2):
      (a) why was Oedipus' marriage unusual?   [1]
      (b) what offspring did the marriage produce?   [2]

8   ὁ βασιλεὺς ... ἐγένετο (lines 2-4): what put an end to the happy
      years enjoyed by the Thebans under the rule of Oedipus?   [1]

9   οἱ Θηβαῖοι ... Λάιον (lines 4-6): what were the Thebans told by an
      oracle to do?   [4]

10   τέλος ... πάντα (lines 6-8): describe in detail how the truth was
      finally revealed.   [6]

11   ὁ Οἰδίπους ... ἔγημεν (lines 8-10): how had Oedipus fulfilled the
      original prophecy to Laius?   [2]

12   For each of the following Greek words, give (i) one English word
      derived from it and (ii) the meaning of the English word:
           πολῖται
           ἆθλον   [4]

                                                              [Total 60]

41 (a) *Tereus rapes his sister-in-law Philomela and takes drastic but ineffective measures to ensure her silence.*

ὁ δὲ <u>Τηρεύς</u>, ἐν <u>πολέμῳ</u> βοηθήσας τῷ <u>Πανδίονι</u> τῷ τῶν
᾿Αθηναίων βασιλεῖ, <u>ἔγημε</u> τὴν θυγατέρα αὐτοῦ, <u>Πρόκνην</u>
ὀνόματι. ὁ δὲ <u>Τηρεὺς</u> αὐτὸς βασιλεὺς ἦν τῆς <u>Δαυλίδος</u>,
καὶ ἐκεῖ μετὰ τῆς γυναικὸς ᾤκει. ἡ δὲ <u>Πρόκνη</u> δι᾿ ὀλίγου
5   υἱὸν <u>ἔτεκε</u>, τὸν ῏Ιτυν. μετὰ δὲ πέντε ἔτη, ἡ <u>Πρόκνη</u>
βουλομένη τὴν <u>ἀδελφὴν</u> αὖθις <u>ἰδεῖν</u>, ᾔτησε τὸν ἄνδρα
<u>κομίζειν</u> αὐτὴν πρὸς τὴν <u>Δαυλίδα</u>. ὁ οὖν <u>Τηρεὺς</u> πρὸς τὰς
᾿<u>Αθήνας</u> προσέβη. ἀφικόμενος δε εὐθὺς ᾔσθετο τὴν
<u>Φιλομήλαν</u>, τὴν τῆς <u>Πρόκνης</u> <u>ἀδελφήν</u>, καλλίστην οὖσαν·
10   καὶ βουλὴν κακὴν ἐποίησεν. ἐν γὰρ τῇ πρὸς <u>Δαυλίδα</u> ὁδῷ,
τὴν <u>Φιλομήλαν</u> εἰς ὕλην ἤγαγεν, καὶ ἐκεῖ <u>ὕβρισεν</u> αὐτήν.

ἔπειτα δὲ <u>ἐξέτεμε</u> τὴν <u>γλῶσσαν</u> αὐτῆς, ἵνα μὴ περὶ τούτων
λέγοι. ἐν δὲ οἰκίᾳ <u>ἐρήμῃ</u> ἔλιπεν αὐτήν, ὑπὸ δούλων
<u>φυλασσομένην</u>. καὶ πρὸς τὴν <u>Δαυλίδα</u> ἀφικόμενος, εἶπε τῇ
15   <u>Πρόκνῃ</u> ὅτι ἡ <u>ἀδελφὴ</u> ἐν ταῖς ᾿Αθήναις ἀπέθανεν. ἀλλὰ ἡ
<u>Φιλομήλα</u> <u>ὕφηνε</u> <u>τάπητα</u> <u>φαίνοντα</u> τὰ τοῦ <u>Τηρέως</u> αἰσχρὰ
ἔργα. καὶ μετὰ ἓν ἔτος, τὸν <u>τάπητα</u> τῇ <u>Πρόκνῃ</u> ἔπεμψεν.

Names

	Τηρεύς -έως, ὁ	Tereus
	Πανδίων -ονος, ὁ	Pandion
	Πρόκνη -ης, ἡ	Procne
	Δαυλίς -ίδος, ἡ	Daulis *(city in central Greece)*
5	῏Ιτυς -υος, ὁ	Itys
	᾿Αθῆναι -ῶν, αἱ	Athens
	Φιλομήλα -ης, ἡ	Philomela

Vocabulary

	πόλεμος -ου, ὁ	war
	γαμέω *aor* ἔγημα	I marry
	τίκτω *aor* ἔτεκον	I give birth to
	ἀδελφή -ῆς, ἡ	sister
6	ἰδεῖν *(irreg inf)*	to see
	κομίζω	I fetch, I go and bring

	ὑβρίζω *aor* ὕβρισα	I rape
	ἐκτέμνω *aor* ἐξέτεμον	I cut out
	γλῶσσα -ης, ἡ	tongue
13	ἐρῆμος -η -ον	lonely, isolated
	φυλάσσω	I guard
	ὑφαίνω *aor* ὕφηνα	I weave
	τάπης -ητος, ὁ	tapestry
	φαίνω	I show, I depict

1 ὁ δὲ Τηρεύς ... ὀνόματι (lines 1-3): what do we learn about Tereus here? [5]

2 ὁ δὲ Τηρεὺς ... Ἴτυν (lines 3-5): what are we told about Tereus' family life as king of Daulis? [3]

3 μετὰ δὲ ... προσέβη (lines 5-8): describe in detail the circumstances in which Tereus journeyed to Athens. [5]

4 ἀφικόμενος ... οὖσαν (lines 8-9): write down and translate the Greek word describing what Tereus immediately noticed about Procne's sister Philomela. [2]

5 καὶ βουλὴν ... αὐτήν (lines 10-11): explain what he did as a result. [5]

6 Translate lines 12-17 into good English. [20]

(Turn over)

(b) *His wife Procne takes her revenge; finally all three of them are transformed into appropriate birds.*

ἡ δὲ <u>Πρόκνη</u> εὐθὺς ἔγνω τί ἐγένετο. ἔδοξεν οὖν αὐτῃ τὸν
<u>Τηρέα</u> δεινῶς κολάζειν. τὴν δὲ <u>Φιλομήλαν</u> <u>μετεπέμψατο</u>.
ἔπειτα δὲ τὸν Ἴτυν ἀπέκτεινε, καὶ αἱ δύο γυναῖκες τὸν
νεκρὸν <u>κατέτεμον</u>. ἡ δὲ <u>Πρόκνη</u> τὰ <u>μέρη</u> <u>ἔπεψε</u>, πλὴν τῆς
5   κεφαλῆς, καὶ <u>δεῖπνον</u> τῷ <u>Τηρεῖ</u> παρεσκεύασεν. μετὰ δὲ τὸ
<u>δεῖπνον</u> "ποῦ ὁ Ἴτυς;" ἔφη ὁ ἀνήρ "ποῦ;" καὶ ἡ <u>Πρόκνη</u>
εἰσήνεγκε τὴν κεφαλήν. ὁ οὖν <u>Τηρεὺς</u> μάλιστα ὠργίσθη. ἀλλὰ
οἱ θεοὶ <u>μετέβαλον</u> πάντας εἰς <u>ὄρνιθας</u>. ἡ μὲν <u>Πρόκνη</u> <u>ἀήδων</u>
ἐγένετο, "Ἴτυ" ἀεὶ <u>ἀείδουσα·</u> ἡ δὲ <u>Φιλομήλα</u> (<u>γλῶσσαν</u> οὐκ
10   ἔχουσα) ἐγένετο <u>χελιδών</u>, ᾗ μόνον <u>πιππίζειν</u> οἷά τ' ἐστίν. ὁ
δὲ <u>Τηρεὺς</u> αὐτὸς <u>ἔποψ</u> ἐγένετο, ἀεὶ <u>ἀείδων</u> "ποῦ; ποῦ;"

Names

Πρόκνη -ης, ἡ	Procne
Τηρεύς -έως, ὁ	Tereus
Φιλομήλα -ης, ἡ	Philomela
Ἴτυς -υος *(voc* Ἴτυ*)*, ὁ	Itys

Vocabulary

	μεταπέμπομαι	
	aor μετεπεμψάμην	I send for
	κατατέμνω *aor* κατέτεμον	I cut in pieces
	μέρος -ους, τό	part
4	πέσσω *aor* ἔπεψα	I cook
	δεῖπνον -ου, τό	dinner
	μεταβάλλω	
	aor pass μετέβληθην	I change (something)
	ὄρνις -ιθος, ὁ/ἡ	bird
8	ἀήδων -ονος, ἡ	nightingale
	ἀείδω	I sing
	γλῶσσα -ης, ἡ	tongue
	χελιδών -όνος, ἡ	swallow
	πιππίζω	I twitter
10	ἔποψ -οπος, ὁ	hoopoe *(regal crested bird)*

7   ὁ δὲ Πρόκνη ... κολάζειν (lines 1-2): what did Procne decide to do
     when she discovered what had happened?   [1]

8   τὴν δὲ ... παρεσκεύασεν (lines 2-5): describe in detail how Procne
     carried out her plan.   [5]

9   μετὰ δὲ ... κεφαλήν (lines 5-7):
     (a) what did Tereus ask after dinner?   [1]
     (b) how was his question answered?   [1]

10   ὁ οὖν Τηρεὺς ... ὄρνιθας (lines 7-8): how did the gods intervene
     when Tereus reacted angrily?   [2]

11   ἡ μὲν Πρόκνη ... ποῦ; (lines 8-11): explain in detail how the fate of
     each character was appropriate.   [6]

12   For each of the following Greek words, give (i) one English word
     derived from it and (ii) the meaning of the English word:
         ὀνόματι
         αὐτός   [4]

                                                              [Total 60]

42 (a) *The musician Orpheus goes down to the Underworld to get back his wife Eurydice.*

ὁ δὲ Ὀρφεὺς ἀοιδὸς ἄριστος ἦν· ὁ μὲν πατὴρ αὐτοῦ βασιλεὺς
ἦν, ἡ δὲ μήτηρ θεά. λύραν καλλίστην εἶχε, δῶρον τοῦ
Ἀπόλλωνος αὐτοῦ, καὶ οὕτω καλῶς ἀείδειν οἷός τ' ἦν ὥστε
τίμην ἐν πολλαῖς πόλεσιν ἐδέξατο. τοῦ δὲ Ὀρφέως ἐν τοῖς
5 ἀγροῖς ἀείδοντος, πάντα τὰ ζῷα καὶ τὰ δένδρα καὶ δὴ τὰ ὄρη
θαυμάζοντα ἤκουον. ὁ δὲ ἀοιδὸς μετὰ τῶν Ἀργοναυτῶν
ἔπλευσεν· καὶ ἡ θάλασσα ἥσυχος ἦν. ἐπεὶ δὲ ἐπανῆλθεν,
ἔγημε νύμφην, Εὐρυδίκην ὀνόματι. ὕστερον δὲ ἡ Εὐρυδίκη
ὑπὸ δράκοντος ἐδήχθη, καὶ δι' ὀλίγου ἀπέθανεν. ἔδοξεν οὖν
10 τῷ Ὀρφεῖ εἰς Ἅιδου καταβαίνειν ἵνα εὕροι τὴν γυναῖκα.

καὶ δὴ κατέβη, τὴν λύραν φέρων· μάλιστα γὰρ ἐβούλετο
ἀνάγειν τὴν Εὐρυδίκην, καὶ ἤλπιζε πείσειν τὸν Πλούτωνα
τὸν ἐκεῖ βασιλέα λῦσαι αὐτήν. τοῦ δὲ Ὀρφέως ἀείδοντος,
οἱ νεκροὶ ἤκουσαν θαυμάζοντες. ὁ δὲ Κέρβερος, κύων δεινὸς
15 τρεῖς κεφαλὰς ἔχων, τὰς τοῦ Ταρτάρου πύλας ἐφύλασσεν·
ἐπεὶ δὲ τοῦ ἀοιδοῦ ἤκουσεν, ἐπαύσατο ὑλακτῶν. τέλος δὲ ὁ
Ὀρφεὺς ἦλθε πρὸς τὰ τοῦ Πλούτωνος βασίλεια.

Names

	Ὀρφεύς -έως, ὁ	Orpheus
	Ἀπόλλων -ωνος, ὁ	Apollo
	Ἀργοναῦται -ῶν, οἱ	Argonauts
	Εὐρυδίκη -ης, ἡ	Eurydice
10	εἰς Ἅιδου	to (the house of) Hades, to the Underworld *(Hades was its god)*
	Πλούτων -ωνος, ὁ	Pluto *(another name for Hades)*
	Κέρβερος -ου, ὁ	Cerberus
	Τάρταρος -ου, ὁ	Tartarus *(deepest region of the Underworld)*

Vocabulary

ἀοιδός -οῦ, ὁ	singer, musician
λύρα -ας, ἡ	lyre *(simple stringed instrument)*
ἀείδω	I sing

Section 2

	ζῷον -ου, τό	animal
7	ἥσυχος -ον	calm
	ἐπανέρχομαι *aor* ἐπανῆλθον	I return
	γαμέω *aor* ἔγημα	I marry
	νύμφη -ης, ἡ	nymph *(semi-divine nature spirit)*
	δράκων -οντος, ὁ	snake
9	δάκνω *aor pass* ἐδήχθην	I bite
	κύων κυνός, ὁ	dog
	φυλάσσω	I guard
	ὑλακτέω	I bark
	βασίλεια -ων, τά	palace

1   ὁ δὲ ᾿Ορφεὺς ... ἐδέξατο (lines 1-4): the musician Orpheus had a royal father and a divine mother; describe in detail what other advantages he enjoyed. [6]

2   τοῦ δὲ ... ἤκουον (lines 4-6): what happened when Orpheus sang in the countryside? [4]

3   ὁ δὲ ἀοιδὸς ... ἦν (lines 6-7): how was Orpheus a help to the Argonauts when he sailed with them? [1]

4   ἐπεὶ δὲ ... ἀπέθανεν (lines 7-9):
(a) what did Orpheus do when he returned? [2]
(b) what later happened to his wife? [3]

5   ἔδοξεν ... γυναῖκα (lines 9-10): what did Orpheus decide to do, and why? [4]

6   Translate lines 11-17 into good English. [20]

(Turn over)

(b) *Pluto agrees to release Eurydice, but makes a condition which Orpheus subsequently breaks.*

ὁ οὖν Ὀρφεὺς τῷ Πλούτωνι "ζητῶ" ἔφη "τὴν Εὐρυδίκην, τὴν
ἐμὴν γυναῖκα. οὐ γὰρ οἷός τ' εἰμὶ τὸν βίον διάγειν οὐκ ἔχων
αὐτήν." ἔπειτα δὲ τὴν λύραν λαβὼν ᾠδῆς ἤρξατο. οὕτως οὖν
ἔπεισε τὸν Πλούτωνα. ὁ γὰρ θεὸς εἶπεν ὅτι λύσει τὴν
5 Εὐρυδίκην. "ἡ γυνή" ἔφη "ἕψεταί σοι. κελεύω σε ἔμπροσθεν
ἰέναι, καὶ μὴ μεταστρέφεσθαι. ἄλλως δὲ ἡ Εὐρυδίκη αὖθις
ἀφαιρεθήσεται καὶ ἐνθάδε ἀεὶ μενεῖ." ὁ οὖν Ὀρφεὺς ἤρξατο
τῆς ὁδοῦ, τῆς γυναικὸς ἑπομένης. πολὺν χρόνον ἔβαινον.
τέλος δέ, φοβούμενος διότι οὐχ οἷός τ' ἦν ἀκούειν αὐτῆς, ὁ
10 ἀοιδὸς μετεστρέψατο. ἡ δὲ Εὐρυδίκη εὐθὺς ἠφανίσθη.

Names

Ὀρφεύς -έως, ὁ	Orpheus
Πλούτων -ωνος, ὁ	Pluto
Εὐρυδίκη -ης, ἡ	Eurydice

Vocabulary

διάγω	I live, I spend
λύρα -ας, ἡ	lyre
ᾠδή -ῆς, ἡ	song
ἔμπροσθεν	in front
6 μεταστρέφομαι	
aor μετεστρέψαμην	I turn round
ἄλλως	otherwise
ἀοιδός -οῦ, ὁ	singer, musician
ἀφανίζομαι *aor* ἠφανίσθην	I disappear

7   ὁ οὖν ᾿Ορφεὺς ... αὐτήν (lines 1-3): what did Orpheus say to
    Pluto?   [5]

8   ἔπειτα δὲ ... Πλούτωνα (lines 3-4): how did Orpheus persuade
    Pluto to help him?   [2]

9   ὁ γὰρ θεὸς ... μενεῖ (lines 4-7): describe the condition laid down
    by Pluto for freeing Eurydice, and the consequences of breaking
    it.   [4]

10 ὁ οὖν ᾿Ορφεὺς ... ἔβαινον (lines 7-8): which two statements are
    true?
              A   Eurydice followed Orpheus
              B   Eurydice led the way
              C   Orpheus ruled the road
              D   They travelled for a long time   [2]

11 τέλος δέ ... ἠφανίσθη (lines 9-10): why did Orpheus finally turn
    round, and what then happened?   [3]

12 For each of the following Greek words, give (i) one English word
    derived from it and (ii) the meaning of the English word:
              γυναῖκα
              βίον   [4]

                                                          [Total 60]

43   (a) *Niobe angers the goddess Leto by boasting about her children, and is turned into stone.*

ἡ δὲ <u>Νιόβη</u> θυγάτηρ ἦν τοῦ <u>Ταντάλου</u>. καὶ ὁ τῶν <u>Θηβῶν</u>
βασιλεὺς <u>ἔγημεν</u> αὐτήν· ἡ δὲ <u>Νιόβη</u> <u>ἔτεκεν</u> ἑπτὰ υἱοὺς καὶ
ἑπτὰ θυγατέρας. ἡ δὲ <u>Λητὼ</u> θεὰ ἦν, καὶ μήτηρ θεῶν· ὁ γὰρ
<u>Ἀπόλλων</u> υἱὸς αὐτῆς ἦν, καὶ ἡ <u>Ἄρτεμις</u> θυγάτηρ. ἡ οὖν <u>Λητὼ</u>
5 πολλὴν τίμην εἶχεν, καὶ αἱ ἐν ταῖς <u>Θήβαις</u> γυναῖκες
<u>ἐσέβοντο</u> αὐτήν. ἀλλὰ ἡ <u>Νιόβη</u> ἐκείναις "διὰ τί" ἔφη "τὴν
θεὰν <u>σέβεσθε</u>; αὔτη μὲν γὰρ δύο παῖδας ἔχει, ἐγὼ τέσσαρας
καὶ δέκα. δεῖ ὑμᾶς ἐμὲ <u>σέβεσθαι</u>." ἡ δὲ <u>Λητὼ</u> ταῦτα
ἀκούσασα μάλιστα ὠργίσθη. ἤτησεν οὖν τὸν υἱὸν καὶ τὴν
10 θυγατέρα βοηθεῖν.

οἱ δὲ τῆς <u>Νιόβης</u> ἑπτὰ υἱοὶ ἐν τοῖς ἀγροῖς <u>ἵππευον</u>· ὁ δὲ
<u>Ἀπόλλων</u> <u>ἐτόξευσε</u> πάντας. ἐπεὶ δὲ αἱ θυγάτερες τοὺς
τῶν <u>ἀδελφῶν</u> νεκροὺς <u>ἐθεράπευον</u>, ἡ <u>Ἄρτεμις</u> <u>ἐτόξευσε</u>
πάσας. ἡ οὖν <u>Νιόβη</u>, <u>ἀθλιωτάτη</u> οὖσα, οὐδέποτε ἐπαύσατο
15 δακρύουσα. τέλος δὲ ὁ <u>Ζεὺς</u> <u>μετέβαλεν</u> αὐτὴν εἰς <u>πέτραν</u>· καὶ
ἡ <u>Νιόβη</u>, <u>πέτρα</u> οὖσα, ἔτι καὶ <u>νῦν</u> δακρύει, ὕδωρ ἀεὶ
<u>καταχέουσα</u>.

Names

	Νιόβη -ης, ἡ	Niobe
	Τάνταλος -ου, ὁ	Tantalus *(king of the area round Mount Sipylus in modern Turkey)*
	Θῆβαι -ῶν, αἱ	Thebes *(city in central Greece)*
3	Λητώ -οῦς, ἡ	Leto
	Ἀπόλλων -ωνος, ὁ	Apollo
	Ἄρτεμις -ιδος, ἡ	Artemis

Vocabulary

	γαμέω *aor* ἔγημα	I marry
	τίκτω *aor* ἔτεκον	I give birth to
	σέβομαι	I worship
	ἱππεύω	I ride a horse
12	τοξεύω *aor* ἐτόξευσα	I shoot *(with bow and arrows)*
	ἀδελφός -οῦ, ὁ	brother

	θεραπεύω	I tend
	ἄθλιος -α -ον	miserable, wretched
	μεταβάλλω *aor* μετέβαλον	I change (something)
15	πέτρα -ας, ἡ	rock, crag
	καταχέω	I pour (something) down

1 ἡ δὲ Νιόβη ... θυγατέρας (lines 1-3): what do we learn about Niobe here?   [5]

2 ἡ δὲ Λητὼ ... θυγάτηρ (lines 3-4): what do we learn about Leto here?   [3]

3 ἡ οὖν Λητὼ ... αὐτήν (lines 4-6): describe how Leto was regarded.   [4]

4 ἀλλὰ ... σέβεσθαι (lines 6-8):
(a) what question did Niobe ask the women of Thebes?   [2]
(b) on what grounds did she say she had a better claim to be worshipped than Leto?   [2]

5 ἡ δὲ Λητὼ ... βοηθεῖν (lines 8-10): explain in detail how Leto reacted.   [4]

6 Translate lines 11-17 into good English.   [20]

(Turn over)

(b) *In a contrasting story of metamorphosis, an old couple are rewarded for their hospitality to the gods.*

ὁ δὲ Ζεὺς καὶ ὁ Ἑρμῆς περὶ τὴν γῆν περιέβαινον, ξενίαν ἀπὸ τῶν ἀνθρώπων ζήτουντες. ἦλθον δὲ πρὸς πολλὰς οἰκίας, ἀλλὰ οὐδεὶς αὐτοὺς ἐδέξατο. τέλος δὲ πρὸς οἰκίαν μικρὰν ἀφίκοντο· ἐνθάδε γέρων τις, Φιλήμων ὀνόματι, καὶ Βαυκις
5 ἡ γυνὴ αὐτοῦ σῖτον καὶ οἶνον τοῖς θεοῖς παρέσχον. ἐπεὶ δὲ ἤσθιον πάντες, ὁ Φιλήμων θαῦμα ἤσθετο· ὁ γὰρ κράτηρ, καίπερ οἴνου ἐξαιρεθέντος, αὖθις πλήρης ἐγένετο. ὁ οὖν Φιλήμων καὶ ἡ Βαυκὶς ἐφοβοῦντο. οἱ δὲ ξένοι εἶπον· "θεοί ἐσμεν. οὐ δεῖ φοβεῖσθαι. ἡ μὲν χώρα ἥδε κατακλυσμῷ
10 διαφθαρήσεται· ὑμεῖς δὲ σωθήσεσθε." ἡ οὖν οἰκία αὐτῶν εἰς ἱερὸν μετεβλήθη. ὁ δὲ Φιλήμων καὶ ἡ γυνὴ τὸ ἱερὸν πολλὰ ἔτη ἐθεράπευον· ἐπεὶ δὲ ἐμέλλησαν ἀποθανεῖσθαι, εἰς δένδρα μετεβλήθησαν.

Names

Ἑρμῆς -οῦ, ὁ	Hermes
Φιλήμων -ονος, ὁ	Philemon
Βαυκίς -ίδος, ἡ	Baucis

Vocabulary

	ξενία -ας, ἡ	hospitality
	θαῦμα -ατος, τό	miracle
	κρατήρ -ῆρος, ὁ	wine-bowl
	πλήρης -ες	full
9	κατακλυσμός -οῦ, ὁ	flood
	μεταβάλλω	
	aor pass μετεβλήθην	I change (something)
	θεραπεύω	I look after

7   ὁ δὲ Ζεὺς ... ἐδέξατο (lines 1-3): what happened when Zeus and
    Hermes went about on earth seeking hospitality?   [2]

8   τέλος ... παρέσχον (lines 3-5): describe the reception they got at
    the house of Philemon and Baucis.   [2]

9   ἐπεὶ δὲ ... ἐφοβοῦντο (lines 5-8): explain in detail what caused the
    old couple to be afraid.   [4]

10 οἱ δὲ ξένοι ... σωθήσεσθε (lines 8-10): what did the gods say
    would happen?   [4]

11 ἡ οὖν οἰκία ... μετεβλήθησαν (lines 10-13): describe in detail the
    events that followed.   [4]

12 For each of the following Greek words, give (i) one English word
    derived from it and (ii) the meaning of the English word:
        παῖδας
        ὕδωρ   [4]

[Total 60]

44 (a) *Phrixus and his sister Helle miraculously escape from danger at home, but Helle later has a fatal accident.*

ὁ δὲ ᾿Αθάμας, ὃς βασιλεὺς ἦν τῆς Βοιωτίας, καὶ ἡ γυνὴ αὐτοῦ Νεφέλη ὀνόματι εἶχον υἱὸν τὸν Φρίξον καὶ θυγατέρα τὴν ῞Ελλην. ὕστερον δὲ ὁ ᾿Αθάμας ἔγημεν ἄλλην γυναῖκα ἣ δύο ἄλλους παῖδας ἔτεκεν. ἡ δε μητρυιὰ ἐμίσει τὸν Φρίξον
5 και τὴν ῞Ελλην. ἐπεὶ οὖν λιμὸς ἐν ἐκείνῃ τῇ χώρᾳ ἐγένετο, αὕτη εἶπε τῷ ᾿Αθάμαντι ὅτι δεῖ θύειν τὸν Φρίξον τῷ Διὶ ἵνα παύσῃ τὸν λιμόν. ὁ δὲ ᾿Αθάμας ὑπὸ τῆς γυναικὸς πεισθεὶς ἔμελλε θύσειν τὸν παῖδα. ἡ δὲ Νεφέλη ἔπεμψε καλὸν κριόν. οὗτος ὁ κριὸς, ὃς δῶρον ἦν τοῦ Ἑρμοῦ, χρυσόμαλλος ἦν· καὶ
10 λέγειν καὶ πέτεσθαι οἷός τ' ἦν.

ὁ οὖν Φρίξος καὶ ἡ ῞Ελλη ἔφυγον, ὑπὸ τοῦ κριοῦ φερόμενοι. διὰ τοῦ οὐρανοῦ πολὺν χρόνον ἐπέτοντο. καὶ γῆν καὶ θάλασσαν ὑπερέβησαν. ἔπειτα δὲ ἡ ῞Ελλη τύχῃ ἀπὸ τοῦ κριοῦ εἰς τὸ ὕδωρ ἔπεσεν, καὶ ἀπέθανεν· ὁ δὲ Ἑλλήσποντος ἀπὸ
15 τοῦ ὀνόματος αὐτῆς ἐκλήθη. ὁ δὲ Φρίξος πρὸς τὴν Κολχίδα τέλος ἀφίκετο. ἐκεῖ ὁ βασιλεύς, Αἰήτης ὀνόματι, ἐδέξατο αὐτὸν ὡς φίλον.

Names

	᾿Αθάμας -αντος, ὁ	Athamas
	Βοιωτία -ας, ἡ	Boeotia *(region of central Greece)*
	Νεφέλη -ης, ἡ	Nephele
	Φρίξος -ου, ὁ	Phrixus
3	῞Ελλη -ης, ἡ	Helle
	Ἑρμῆς -οῦ, ὁ	Hermes
	Ἑλλήσποντος -ου, ὁ	Hellespont *(modern Dardanelles, channel separating Europe and Asia)*
15	Κολχίς -ίδος, ἡ	Colchis *(city at the eastern end of the Black Sea)*
	Αἰήτης -ου, ὁ	Aeetes

Vocabulary

	γαμέω *aor* ἔγημα	I marry
	τίκτω *aor* ἔτεκον	I give birth to

Section 2

	μητρυιά -ᾶς, ἡ	stepmother
	λιμός -οῦ, ὁ	famine
8	κριός -οῦ, ὁ	ram
	χρυσόμαλλος -ον	with golden fleece
	καί ... καί	both ... and
	πέτομαι	I fly
	οὐρανός -οῦ, ὁ	sky
13	ὑπερβαίνω *aor* ὑπερέβην	I go over

1 ὁ δὲ ᾿Αθάμας ... ῞Ελλην (lines 1-3): what do we learn here about Athamas? [4]

2 ὕστερον ... ῞Ελλην (lines 3-5): what complications were introduced by his second marriage? [3]

3 ἐπεὶ οὖν ... λιμόν (lines 5-7): explain in detail how the stepmother tried to vent her hostility. [6]

4 ὁ δὲ ᾿Αθάμας ... κριόν (lines 7-8):
(a) what was Athamas about to do, and why? [2]
(b) how was this averted? [1]

5 οὗτος ... οἷός τ᾽ ἦν (lines 9-10): in what ways was the ram remarkable? [4]

6 Translate lines 11-17 into good English. [20]

(Turn over)

(b) *The origin of the Golden Fleece*

ἔπειτα δὲ ὁ <u>κριός</u> ἤρξατο λέγων, ὥστε πάντες οἱ ἀκούσαντες ἐθαύμασαν. "νῦν, ὦ <u>Φρίξε</u>" ἔφη "δεῖ σε θύειν με τῷ Διί." ὁ οὖν νεανίας, καίπερ οὐκ ἐθέλων πείθεσθαι, ἔπραξε τοῦτο, τοῦ <u>κριοῦ</u> αὐτοῦ κελεύσαντος. ἀλλὰ <u>ἔδωκε</u> τὸ <u>δέρας</u> αὐτοῦ, χρυσοῦ
5 ὄν, τῷ βασιλεῖ. ὁ δὲ <u>Αἰήτης</u> τὸ <u>δέρας</u> <u>δρυί</u> τινι <u>προσῆψεν</u>. αὕτη ἡ <u>δρῦς</u> ἐν μεγάλῃ ὕλῃ ἦν. ἐκεῖ τὸ <u>δέρας</u> <u>ἐφυλάσσετο</u> ὑπὸ <u>δράκοντος</u> ὃς οὐδέποτε καθηῦδεν. μετὰ δὲ ταῦτα ὁ <u>Φρίξος</u>, ἐν τῇ <u>Κολκίδι</u> μένων, <u>ἔγημε</u> τὴν τοῦ βασιλέως θυγατέρα, καὶ τέσσαρας υἱοὺς εἶχον.

Names

Φρίξος -ου, ὁ	Phrixus
Αἰήτης -ου, ὁ	Aeetes
Κολχίς -ίδος, ἡ	Colchis

Vocabulary

κριός -οῦ, ὁ	ram
ἔδωκε *(irreg aor)*	(he) gave
δέρας -ατος, τό	fleece
δρῦς δρυός, ἡ	oak tree
5 προσάπτω *aor* προσῆψα	I fasten
φυλάσσω	I guard
δράκων -οντος, ὁ	dragon
γαμέω *aor* ἔγημα	I marry

7   ἔπειτα ... τῷ Διί (lines 1-2): what did the ram tell Phrixus to
     do?   [2]

8   ὁ οὖν νεανίας ... κελεύσαντος (lines 2-4): how did he react, and
     why?   [3]

9   ἀλλὰ ... προσῆψεν (lines 4-5):
     (a) what did Phrixus do with the fleece?   [1]
     (b) what did Aeetes then do with the fleece?   [2]

10   αὕτη ... καθηῦδεν (lines 6-7): describe in detail where and how the
     fleece was guarded.   [5]

11   μετὰ δὲ ... εἶχον (lines 7-9): what did Phrixus subsequently do?[3]

12   For each of the following Greek words, give (i) one English word
     derived from it and (ii) the meaning of the English word:
          πολύν
          ἔπραξε   [4]

                                                              [Total 60]

45 (a) *Jason and the Argonauts: Part 1. Pelias becomes king of Iolcus after murdering Aeson, whose son Jason hopes for revenge.*

ὁ μὲν Αἴσων βασιλεὺς ἦν τῆς Ἰωλκοῦ, ὁ δὲ Ἰάσων υἱὸς αὐτοῦ.
ὁ δὲ Πελίας ὁ τοῦ Αἴσωνος ἀδελφός, κάκιστος ὤν, ἐφόνευσε
τὸν βασιλέα. μετὰ δὲ τὸν τοῦ Αἴσωνος θάνατον ὁ Πελίας
αὐτὸς ἐν τῇ Ἰωλκῳ βασιλεὺς ἐγένετο. ὁ οὖν Ἰάσων, ἔτι παῖς
5 ὤν, εἰς ἄλλην χώραν ἔφυγε διότι ἐμίσει τὸν Πελίαν. ἐκεῖ
πολὺν χρόνον ἔμενεν, ἀλλὰ ἤλπιζέ ποτε ἀναλήψεσθαι τὴν
βασιλείαν. ὁ δὲ Πελίας διὰ τὰ ἄδικα ἔργα ἀεὶ ἐφοβεῖτο· καὶ
δεινὸν μαντεῖον ἐδέξατο, ὃ ἐκέλευσεν αὐτὸν φυλάσσεσθαι
ἄνδρα μονοπέδιλον. ὁ οὖν Πελίας, οὐκ εἰδὼς τί σημαίνει τὸ
10 μαντεῖον, νῦν ἔτι μᾶλλον ἐφοβεῖτο.

ὕστερον δὲ ὁ Ἰάσων, νεανίας ἰσχυρὸς ἤδη γενόμενος, διὰ τῆς
Ἑλλάδος ἐπορεύετο. καὶ πρὸς ποταμόν τινα ἀφίκετο· ἐκεῖ
γραῦς ἐκάθιζεν, διότι οὐκ οἷά τ' ἦν διαβαίνειν αὐτή. ὁ οὖν
Ἰάσων ἤνεγκεν αὐτὴν διὰ τοῦ ποταμοῦ, ἀλλὰ ἓν πέδιλον ἐν
15 τῷ ὕδατι ἀπέβαλεν. ἐπεὶ δὲ τὸν ποταμὸν διέβησαν, ὁ Ἰάσων
θαῦμα εἶδεν. νῦν γὰρ ἦν πρὸ αὐτου οὐ γραῦς ἀλλὰ θεὰ καλή.

Names

Αἴσων -ωνος, ὁ	Aeson
Ἰωλκός -οῦ, ἡ	Iolcus *(city in northern Greece)*
Ἰάσων -ονος, ὁ	Jason
Πελίας -ου, ὁ	Pelias
12 Ἑλλάς -άδος, ἡ	Greece

Vocabulary

ἀδελφός -οῦ, ὁ	brother
φονεύω *aor* ἐφόνευσα	I murder
ποτε	someday
ἀναλαμβάνω *fut* ἀναλήψομαι	I get back, I recover (something)
7 βασιλεία -ας, ἡ	kingdom
μαντεῖον -ου, τό	oracle, prophecy
φυλάσσομαι	I am on guard against
μονοπέδιλος -ον	wearing one sandal
σημαίνω	I mean, I indicate

94

12	πορεύομαι	I travel
	γραῦς γραός, ἡ	old woman
	πέδιλον -ου, τό	sandal
	ἀποβάλλω *aor* ἀπέβαλον	I lose
	θαῦμα -ατος, τό	miracle

1 ὁ μὲν Αἴσων ... βασιλέα (lines 1-3): what are we told here about the ruling family of Iolcus? [5]

2 μετὰ δὲ ... ἐγένετο (lines 3-4): what happened after the death of Aeson? [2]

3 ὁ οὖν Ἰάσων ... βασιλείαν (lines 4-7): explain in detail what we learn here about Jason, his actions and his hopes. [6]

4 ὁ δὲ Πελίας ... μονοπέδιλον (lines 7-9):
(a) why was Pelias constantly afraid? [1]
(b) what was he told by an oracle? [2]

5 ὁ οὖν Πελίας ... ἐφοβεῖτο (lines 9-10): how did he react? [4]

6 Translate lines 11-16 into good English. [20]

(Turn over)

(b) *Jason is challenged by Pelias to find the Golden Fleece.*

"οἱ θεοί, ὦ Ἰάσον" ἔφη "ἀεὶ βοηθήσουσί σοι." καὶ ἡ θεὰ
ἀπῆλθεν. ὁ δὲ Ἰάσων δι' ὀλίγου εἰς τὴν Ἰωλκὸν ἀφίκετο,
ἔτι ἔχων ἓν πέδιλον. ὁ οὖν Πελίας τοῦτο ἰδὼν μάλιστα
ἐφοβεῖτο. ὁ δὲ νεανίας "ἐγώ" ἔφη "ἥκω, ὁ τοῦ Αἴσωνος
5   υἱός. καὶ τὴν τοῦ πατρὸς βασιλείαν, ἀδίκως ληφθεῖσαν, νῦν
αἰτῶ." ὁ δὲ Πελίας ἐκέλευσεν αὐτὸν εἰς τὴν Κολχίδα
πορεύεσθαι καὶ εὑρίσκειν τὸ δέρας τὸ πάγχρυσον, ἐν
δένδροις ἐκεῖ κρυφθὲν καὶ φυλασσόμενον ὑπὸ δράκοντος ὃς
οὐδέποτε καθεύδει. "τότε, ὦ νεανία," ἔφη "τὴν βασιλείαν
10   ἕξεις."

Names

	Ἰάσων -ονος, ὁ	Jason
	Ἰωλκός -οῦ, ἡ	Iolcus
	Πελίας -ου, ὁ	Pelias
	Αἴσων -ωνος, ὁ	Aeson
6	Κολχίς -ίδος, ἡ	Colchis *(city at the eastern end of the Black Sea)*

Vocabulary

	πέδιλον -ου, τό	sandal
	ἥκω	I have come
	βασιλεία -ας, ἡ	kingdom
	πορεύομαι	I travel
7	δέρας -ατος, τό	fleece
	πάγχρυσος -ον	golden
	φυλάσσω	I guard
	δράκων -οντος, ὁ	dragon

7   οἱ θεοί ... ἀπῆλθεν (lines 1-2): what did the goddess say to Jason
    before leaving?   [2]

8   ὁ δὲ Ἰάσων ... ἐφοβεῖτο (lines 2-4): explain how Jason's arrival in
    Iolcus caused alarm.   [3]

9   ὁ δὲ νεανίας ... αἰτῶ (lines 4-6): what did Jason say to Pelias? [4]

10 ὁ δὲ Πελίας ... καθεύδει (lines 6-9): describe in detail what Pelias
    ordered Jason to do.   [6]

11 τότε ... ἕξεις (lines 9-10): what did Pelias promise if Jason
    accomplished the quest?   [1]

12 For each of the following Greek words, give (i) one English word
    derived from it and (ii) the meaning of the English word:
        χρόνον
        θεοί   [4]

                                                            [Total 60]

46   (a) *Jason and the Argonauts: Part 2. The crew of the Argo gather,
and begin their eventful voyage.*

ὁ δὲ ᾽Ιάσων ἐκελεύσθη ὑπὸ τοῦ Πελίου εὑρίσκειν τὸ δέρας τὸ
πάγχρυσον καὶ εἰς τὴν ῾Ελλάδα κομίζειν. τὸ ἔργον
χαλεπώτατον ἐφαίνετο, ἀλλὰ ὁ ᾽Ιάσων μάλιστα ἐβούλετο τὰ
κελευσθέντα πράσσειν καὶ οὕτως ἀναλαμβάνειν τὴν τοῦ
5   πατρὸς βασιλείαν. ἀγγέλους οὖν πέμψας πρὸς πάσας τὰς
τῆς ῾Ελλάδος πόλεις, συνεκάλεσε πάντας τοὺς νεανίας τοὺς
ἐθέλοντας εἰς τὴν Κολχίδα πλεῖν. πολλοὶ δὲ ἀνδρεῖοι
συνῆλθον ἵνα τῷ ᾽Ιάσονι βοηθοῖεν. ἡ ᾽Αργώ, ναῦς μεγίστη καὶ
καλλίστη, ἐποιήθη, καὶ οἱ νεανίαι οἱ ἐν αὐτῇ πλέοντες
10   ᾽Αργοναῦται ἐκλήθησαν ἀπὸ τοῦ τῆς νεὼς ὀνόματος. ἐπεὶ δὲ
πάντα παρεσκευάσθη, ἀπὸ τῆς ῾Ελλάδος ἔπλευσαν.

οἱ δὲ ᾽Αργοναῦται πολὺν χρόνον ἔπλεον. πρῶτον μὲν πρὸς
τὴν Λῆμνον ἀφίκοντο. ἐν ταύτῃ τῇ νήσῳ γυναῖκες μόναι
ἦσαν· πάντας γὰρ τοὺς ἄνδρας πρότερον ἀπέκτειναν. ἀλλὰ
15   τοὺς ᾽Αργοναύτας ὡς φίλους ἐδέξαντο. ἔπειτα δὲ προσῆλθον
πρὸς χώραν ἐν ᾗ ὁ ῎Αμυκος, πύκτης κλεινός, βασιλεὺς ἦν.
οὗτος δέ, προκαλούμενος πάντας τοὺς ἀφικομένους ἑαυτῷ
μάχεσθαι, πολλοὺς ἤδη ἀπέκτεινεν. ἀλλὰ εἷς τῶν
᾽Αργοναυτῶν ῥᾳδίως ἐνίκησεν αὐτόν.

Names

᾽Ιάσων -ονος, ὁ	Jason	
Πελίας -ου, ὁ	Pelias	
῾Ελλάς -άδος, ἡ	Greece	
Κολχίς -ίδος, ἡ	Colchis *(city at the eastern end of the*	
7		*Black Sea)*
᾽Αργώ -οῦς, ἡ	Argo	
᾽Αργοναῦται -ῶν, οἱ	Argonauts	
Λῆμνος -ου, ἡ	Lemnos *(Greek island)*	
῎Αμυκος -ου, ὁ	Amycus	

Vocabulary

δέρας -ατος, τό	fleece
πάγχρυσος -ον	golden

	κομίζω	I fetch, I bring back
	ἀναλαμβάνω	I get back, I recover (something)
5	βασιλεία -ας, ἡ	kingdom
	συγκαλέω *aor* συνεκάλεσα	I call together
	συνέρχομαι *aor* συνῆλθον	I meet, I come together
	πύκτης -ου, ὁ	boxer
	κλεινός -ή -όν	famous
17	προκαλέομαι	I challenge

1 ὁ δὲ ᾿Ιάσων ... κομίζειν (lines 1-2): what had Jason been ordered by Pelias to do? [3]

2 τὸ ἔργον ... βασιλείαν (lines 2-5): describe in detail his reactions to this task. [5]

3 ἀγγέλους ... βοηθοῖεν (lines 5-8): explain how the crew were recruited. [5]

4 ἡ ᾿Αργώ ... ὀνόματος (lines 8-10): what do we learn here about
(a) the Argo? [2]
(b) the Argonauts? [2]

5 ἐπεὶ δὲ ... ἔπλευσαν (lines 10-11): what happened next? [3]

6 Translate lines 12-19 into good English. [20]

(Turn over)

(b) *After further adventures on their journey, the Argonauts*
successfully pass between the Clashing Rocks to enter the Black Sea.

ἔπειτα δὲ οἱ Ἀργοναῦται πρὸς τὴν Θράκην ἀφίκοντο.
ὁ δὲ Φινεύς, μάντις τυφλός, δεῖπνον ἄριστον τοῖς
Ἀργοναύταις παρεσκεύασεν. τότε δὲ δειναὶ ὄρνιθες
προσελθοῦσαι πάντα τὸν σῖτον ἔλαβον. ὁ δὲ μάντις
5   "αἱ Ἀρπυῖαι" ἔφη "ἀεὶ τοῦτο πράσσουσιν, ὑπὸ τοῦ Διὸς
πεμπόμεναι διότι ἐγὼ τὰς τῶν θεῶν βουλὰς τοῖς ἀνθρώποις
πάλαι ἤγγειλα." οἱ δὲ Ἀργοναῦται ἀπέκτειναν τὰς Ἀρπυίας·
καὶ ὁ μάντις αὐτοῖς εἶπε περὶ τοῦ τῶν Συμπληγάδων
κινδύνου. αὗται γὰρ αἱ πέτραι πολλάκις συνεκρούοντο, ὥστε
10   πολλαὶ νῆες ἤδη διεφθάρησαν. ὁ δὲ Ἰάσων, ὡς ὁ Φινεὺς
ἐκέλευσεν, πέλειαν διὰ τῶν πετρῶν ἔπεμψεν. τῆς δὲ ὄρνιθος
ἀσφαλῶς ἐπανελθούσης, καὶ ἡ Ἀργὼ ἀσφαλῶς διέπλευσεν.

Names

Ἀργοναῦται -ῶν, οἱ	Argonauts
Θράκη -ης, ἡ	Thrace *(region north of Greece)*
Φινεύς -έως, ὁ	Phineus
Ἀρπυῖαι -ῶν, αἱ	Harpies *(literally 'snatchers'; large*
5	*mythical birds with women's faces)*
Συμπληγάδες -ων, αἱ	Clashing Rocks
Ἰάσων -ονος, ὁ	Jason
Ἀργώ -οῦς, ἡ	Argo

Vocabulary

μάντις -εως, ὁ	prophet
τυφλός -ή -όν	blind
δεῖπνον -ου, τό	dinner, meal
ὄρνις -ιθος, ἡ	bird
7 πάλαι	long ago
πέτρα -ας, ἡ	rock
συγκρούομαι	
impf συνεκρουόμην	I clash together
πέλεια -ας, ἡ	dove
12 ἀσφαλῶς	safely
ἐπανέρχομαι *aor* ἐπανῆλθον	I return

7 ἔπειτα ... ἔλαβον (lines 1-4): how did Phineus show hospitality to the Argonauts, and how was this spoiled? [4]

8 ὁ δὲ μάντις ... ἤγγειλα (lines 4-7): how did Phineus explain what had happened? [5]

9 οἱ δὲ Ἀργοναῦται ... κινδύνου (lines 7-9): what did Phineus tell the Argonauts about after they had killed the Harpies? [1]

10 αὗται ... διεφθάρησαν (lines 9-10): what had the Clashing Rocks already done? [2]

11 ὁ δὲ Ἰάσων ... διέπλευσεν (lines 10-12): explain how the Argo got through safely. [4]

12 For each of the following Greek words, give (i) one English word derived from it and (ii) the meaning of the English word:
    ἀγγέλους
    ναῦς [4]

[Total 60]

47   (a) *Jason and the Argonauts: Part 3. King Aeetes describes the difficulties that will face Jason in obtaining the Golden Fleece, but help is at hand.*

οἱ δὲ Ἀργοναῦται ἔπλευσαν εἰς τὸν Εὔξεινον, καὶ δι' ὀλίγου πρὸς τὴν Κολχίδα ἀφίκοντο. ἐκεῖ ὁ Αἰήτης βασιλεὺς ἦν. ὁ δὲ Ἰάσων τῷ βασιλεῖ "ζητῶ" ἔφη "τὸ πάγχρυσον δέρας, ὃ ἐκελεύσθην πρὸς τὴν Ἑλλάδα κομίζειν. ἆρα ἐνθάδε ἐστίν;"

5   ὁ δὲ βασιλεὺς ἐκέλευσε τὸν νεανίαν, ἵνα τὸ δέρας λάβοι, ἔργα χαλεπὰ πράσσειν. "ταύρους ἔχω" ἔφη "οἳ πῦρ πνέουσι· δεῖ σε τούτους ζευγνύειν καὶ ἀγρὸν ἀροτρεύειν. ἔπειτα δὲ δεῖ σε ἐν τῷ ἀγρῷ σπείρειν δράκοντος ὀδόντας· ἐκ τῆς γῆς φανοῦνται ὁπλοφόροι, οὓς δεῖ σε ἀποκτείνειν. τὸ δὲ δέρας ἐν

10   ὕλῃ φυλάσσεται ὑπὸ ἄλλου δράκοντος, ὃς οὐδέποτε καθεύδει. καὶ τοῦτον ἀποκτείνας, τὸ δέρας ἕξεις."

ὁ δὲ Ἰάσων ταῦτα ἀκούσας ἐφοβεῖτο, ἀλλὰ οἱ θεοὶ παρεσκευάζοντο ἵνα βοηθοῖεν αὐτῷ. ἦν τῷ Αἰήτῃ θυγάτηρ τις, Μήδεια ὀνόματι· καὶ αὕτη φαρμακὶς ἦν. ἡ δὲ Μήδεια,

15   διότι ἐφίλει τὸν Ἰάσονα καὶ ἐβούλετο σώζειν αὐτόν, τῆς νυκτὸς λάθρα ἐλθοῦσα ἔδωκεν αὐτῷ ἀλοιφὴν ἣ ἐφύλασσε τὸ σῶμα ἀπὸ πυρὸς καὶ παντὸς τραύματος. καὶ ὁ Ἰάσων, καίπερ μάλιστα θαυμάζων, ἐδέξατο τὸ δῶρον.

Names

	Ἀργοναῦται -ῶν, οἱ	Argonauts
	Εὔξεινος -ου, ὁ	the Black Sea
	Κολχίς -ίδος, ἡ	Colchis *(city at the eastern end of the Black Sea)*
2	Αἰήτης -ου, ὁ	Aeetes
	Ἰάσων -ονος, ὁ	Jason
	Ἑλλάς -άδος, ἡ	Greece
	Μήδεια -ας, ἡ	Medea

Vocabulary

πάγχρυσος -ον	golden
δέρας -ατος, τό	fleece

Section 2

	κομίζω	I fetch, I bring back
	ταῦρος -ου, ὁ	bull
6	πνέω	I breathe
	ζευγνύω	I yoke
	ἀροτρεύω	I plough
	σπείρω	I sow
	δράκων -οντος, ὁ	dragon
8	ὀδοῦς -όντος, ὁ	tooth
	ὁπλοφόρος -ου, ὁ	armed man
	φυλάσσω	I guard, I protect
	φαρμακίς -ίδος, ἡ	witch
	ἔδωκε(ν) *(irreg aor)*	(she) gave
16	ἀλοιφή -ῆς, ἡ	ointment
	τραῦμα -ατος, τό	wound, injury

1   οἱ δὲ ᾿Αργοναῦται ... ἦν (lines 1-2): what do we learn here about the last part of the Argonauts' outward journey?   [3]

2   ὁ δὲ ᾿Ιάσων ... ἐστίν; (lines 2-4): what did Jason say to Aeetes? [4]

3   ὁ δὲ βασιλεὺς ... ἀροτρεύειν (lines 5-7): what was the first task Jason would have to undertake in order to get the fleece?   [4]

4   ἔπειτα δὲ ... ἀποκτείνειν (lines 7-9): describe in detail Jason's second task.   [5]

5   τὸ δὲ δέρας ... ἕξεις (lines 9-11): how was the fleece guarded, and what would Jason have to do?   [4]

6   Translate lines 12-18 into good English.   [20]

(Turn over)

(b) *Helped by Medea, Jason easily surmounts the challenges.*

τῇ δὲ <u>ὑστεραίᾳ</u> ὁ ᾽Ιάσων εἰσέβη εἰς τὸν ἀγρόν. τότε δὴ <u>θαῦμα</u>
ἦν. οἱ μὲν γὰρ <u>ταύροι</u> πῦρ <u>ἔπνεον</u>· ὁ δὲ νεανίας οὐκ ἐκαύθη.
ἔπειτα δὲ ῥᾳδίως <u>ἔζευξαν</u> αὐτούς, καὶ οὐκ ἐβλάφθη. τὸν δὲ
ἀγρὸν <u>ἀροτρεύσας</u>, τοὺς τοῦ <u>δράκοντος</u> <u>ὀδόντας</u> <u>ἔσπειρεν</u>.
5   ἐπεὶ δὲ <u>ὁπλοφόροι</u> ἐκ τῆς γῆς ἦλθον, ὁ ᾽Ιάσων <u>πέτραν</u>
μεγίστην ἐπὶ αὐτοὺς ἔβαλεν· οὗτοι <u>ἀλλήλοις</u> ἐμαχέσαντο.
πολλῶν δὲ οὕτως ἀποθανόντων, ὁ νεανίας τοὺς ἄλλους
ἀπέκτεινεν. ἔπειτα δὲ εἰσῆλθεν εἰς τὴν ὕλην ἐν ᾗ τὸ <u>δέρας</u>
ὑπὸ τοῦ <u>δράκοντος</u> <u>ἐφυλάσσετο</u>· <u>φάρμακον</u> εἶχεν, ὑπὸ τῆς
10   <u>Μηδείας</u> παρασκευασθέν. τὸ δὲ <u>φάρμακον</u> ἐπὶ τὸν <u>δράκοντα</u>
βαλών "τέλος" ἔφη "κάθευδε." ὕπνος δὲ εὐθὺς ἔλαβε τὸν
<u>δράκοντα</u>.

Names

᾽Ιάσων -ονος, ὁ	Jason
Μήδεια -ας, ἡ	Medea

Vocabulary

	ὑστεραία -ας, ἡ	the next day
	θαῦμα -ατος, τό	miracle
	ταῦρος -ου, ὁ	bull
	πνέω	I breathe
3	ζευγνύω *aor* ἔζευξα	I yoke
	ἀροτρεύω *aor* ἠρότρευσα	I plough
	δράκων -οντος, ὁ	dragon
	ὀδοῦς -όντος, ὁ	tooth
	σπείρω *aor* ἔσπειρα	I sow
5	ὁπλοφόρος -ου, ὁ	armed man
	πέτρα -ας, ἡ	rock
	ἀλλήλους -ων	each other
	δέρας -ατος, τό	fleece
	φυλάσσω	I guard, I protect
9	φάρμακον -ου, τό	drug

7   τῇ δὲ ὑστεραίᾳ ... ἐβλάφθη (lines 1-3): in what ways was Jason's encounter with the bull miraculous?   [4]

8   τὸν δὲ ἀγρὸν ... ἔβαλεν (lines 3-6): when Jason had sowed the dragon's teeth and armed men sprang from the ground, what did he do?   [2]

9   οὗτοι ... ἀπέκτεινεν (lines 6-8): how did they react, and how did this help Jason's task?   [4]

10 ἔπειτα δὲ ... παρασκευασθέν (lines 8-10): what did Jason do next, and how was he protected?   [3]

11 τὸ δὲ φάρμακον ... δράκοντα (lines 10-12): describe how Jason dealt with the dragon.   [3]

12 For each of the following Greek words, give (i) one English word derived from it and (ii) the meaning of the English word:
    ἀκούσας
    ὕπνος   [4]

[Total 60]

48   (a) *Jason and the Argonauts: Part 4. Jason recovers the Golden Fleece, and the Argonauts make a dramatic escape.*

ὁ δὲ <u>δράκων</u> ὃς <u>ἐφύλασσε</u> τὸ <u>πάγχρυσον</u> <u>δέρας</u> νῦν καθηῦδεν, τῷ <u>φαρμάκῳ</u> <u>δαμασθείς</u>. ὁ οὖν ᾿<u>Ιάσων</u> ἔλαβε τὸ <u>δέρας</u> ἀπὸ τῆς <u>δρυός</u> (ἐκεῖ πολλὰ ἔτη ἔμεινε) καὶ ἐκ τῆς ὕλης ἔφυγεν. ἔπειτα δὲ πρὸς τὴν ναῦν ἔδραμε, τὴν <u>Μήδειαν</u> ἄγων. ἡ γὰρ
5   τοῦ <u>Αἰήτου</u> θυγάτηρ ἐβοήθησεν αὐτῷ παρασκευάσασα τὸ <u>φάρμακον</u>, καὶ τὴν <u>ἀλοιφὴν</u> ᾗ ἐν κινδύνῳ <u>ἐφυλάχθη</u>. διὰ δὲ ταῦτα, ὁ ᾿Ιάσων εἶπεν ὅτι <u>γαμήσει</u> τὴν <u>Μήδειαν</u> καὶ πρὸς τὴν ῾<u>Ελλάδα</u> ἄξει· ἡ οὖν <u>Μήδεια</u> <u>ἔχαιρε</u>, τὸν νεανίαν μάλιστα φιλοῦσα. πάντων δὲ νῦν παρασκευασθέντων, οἱ ᾿<u>Αργοναῦται</u>
10   <u>πλεύσεσθαι</u> ἔμελλον. καὶ ἡ <u>Μήδεια</u> ἤγαγε μετὰ ἑαυτῆς τὸν <u>ἀδελφόν</u>, ῎<u>Αψυρτον</u> ὀνόματι, νέον ὄντα.

ἐπεὶ δὲ ὁ <u>Αἰήτης</u> περὶ τούτων ἤκουσεν, μάλιστα ὠργίσθη. ἀλλὰ οἱ ᾿<u>Αργοναῦται</u> νῦν ἀπὸ τῆς <u>Κολχίδος</u> ἔπλεον. ὁ οὖν βασιλεύς, ναῦν λαβών, αὐτοὺς διώξειν ἐμέλλησεν. ἡ δὲ
15   <u>Μήδεια</u> <u>κατέτεμε</u> τὸν ῎<u>Αψυρτον</u> καὶ τὰ <u>μέρη</u> εἰς τὴν θάλασσαν ἔβαλεν. καὶ τοῦ <u>Αἰήτου</u> τὰ τοῦ υἱοῦ <u>μέρη</u> <u>συλλέγοντος</u>, οἱ ᾿<u>Αργοναῦται</u> <u>ἐξέφυγον</u>. τέλος δὲ πρὸς τὴν ῾<u>Ελλάδα</u> ἀφίκοντο, τὸ <u>πάγχρυσον</u> <u>δέρας</u> φέροντες.

Names

	᾿Ιάσων -ονος, ὁ	Jason
	Μήδεια -ας, ἡ	Medea
	Αἰήτης -ου, ὁ	Aeetes
	῾Ελλάς -άδος, ἡ	Greece
9	᾿Αργοναῦται -ῶν, οἱ	Argonauts
	῎Αψυρτος -ου, ὁ	Apsyrtus
	Κολχίς -ίδος, ἡ	Colchis *(city at the eastern end of the Black Sea)*

Vocabulary

δράκων -οντος, ὁ	dragon
φυλάσσω *aor pass* ἐφυλάχθην	I guard, I protect
πάγχρυσος -ον	golden
δέρας -ατος, τό	fleece

2	φάρμακον -ου, τό	drug
	δαμάζω *aor pass* ἐδαμάσθην	I overcome, I subdue
	δρῦς δρυός, ἡ	oak tree
	ἀλοιφή -ῆς, ἡ	ointment
	γαμέω *fut* γαμήσω	I marry
8	χαίρω	I rejoice, I am happy
	ἀδελφός -οῦ, ὁ	brother
	κατατέμνω *aor* κατέτεμον	I cut in pieces
	μέρος -ους, τό	piece, part
	συλλέγω	I collect
17	ἐκφεύγω *aor* ἐξέφυγον	I escape

1   ὁ δὲ δράκων ... ἔφυγεν (lines 1-3): what did Jason do after subduing the dragon?   [4]

2   ἔπειτα ... ἐφυλάχθη (lines 4-6): how had Medea helped Jason? [4]

3   διὰ δὲ ταῦτα ... φιλοῦσα (lines 6-9):
(a) what did Jason say he would do?   [4]
(b) how did Medea react, and why?   [2]

4   πάντων ... ἔμελλον (lines 9-10): what was now achieved, and what was about to happen?   [3]

5   καὶ ἡ Μήδεια ... ὄντα (lines 10-11): what are we told about the person Medea brought with her?   [3]

6   Translate lines 12-18 into good English.   [20]

(Turn over)

(b) *Jason and Medea have an equally eventful life back in Greece.*

ἐπεὶ οἱ ᾿Αργοναῦται πρὸς τὴν ᾿Ιωλκὸν προσῆλθον, ὁ Πελίας
ἔτι βασιλεὺς ἦν. καὶ ὁ τοῦ ᾿Ιάσονος πάτρως νῦν γέρων ἦν. ἡ
οὖν Μήδεια, φαρμακὶς οὖσα, ἔπεισε τὰς θυγατέρας αὐτοῦ
τὸν πατέρα κατατέμνειν καὶ τὰ μέρη ἐν ὕδατι ἕψειν, ψευδῶς
5 λέγουσα ὅτι νεανίας αὖθις γενήσεται. ὁ δὲ Πελίας οὕτως
ἀπέθανεν. ὁ δὲ ᾿Ιάσων βασιλεὺς τῆς ᾿Ιωλκοῦ οὐκ ἐγένετο·
διὰ γὰρ τὸν τοῦ Πελίου ἄδικον θάνατον, ὁ ᾿Ιάσων καὶ ἡ
Μήδεια πρὸς τὴν Κόρινθον ἔφυγον. πολλὰ ἔτη ἐν τῇ πόλει
ἔμενον, καὶ δύο υἱοὺς εἶχον. ὕστερον δὲ ὁ ᾿Ιάσων ἔγημε τὴν
10 τοῦ ἐκεῖ βασιλέως θυγατέρα, ὥστε ἡ Μήδεια φθονοῦσα τοὺς
ἑαυτῆς υἱοὺς ἀπέκτεινεν.

Names

	᾿Αργοναῦται -ῶν, οἱ	Argonauts
	᾿Ιωλκός -οῦ, ἡ	Iolcus *(city in northern Greece)*
	Πελίας -ου, ὁ	Pelias
	᾿Ιάσων -ονος, ὁ	Jason
3	Μήδεια -ας, ἡ	Medea
	Κόρινθος -ου, ἡ	Corinth *(city in central Greece)*

Vocabulary

	πάτρως -ωος, ὁ	uncle
	φαρμακίς -ίδος, ἡ	witch
	κατατέμνω *aor* κατέτεμον	I cut in pieces
	μέρος -ους, τό	piece, part
4	ἕψω	I boil
	ψευδῶς	falsely
	γαμέω *aor* ἔγημα	I marry
	φθονέω	I am jealous

7   ἐπεὶ οἱ Ἀργοναῦται ... γέρων ἦν (lines 1-2): what was the
situation back in Iolcus?   [2]

8   ἡ οὖν Μήδεια ... ἀπέθανεν (lines 2-6): describe in detail how
Medea brought about the death of Pelias.   [5]

9   ὁ δὲ Ἰάσων ... ἔφυγον (lines 6-8):
(a) why did Jason not become king of Iolcus?   [2]
(b) what did he and Medea do instead?   [1]

10   πολλὰ ἔτη ... εἶχον (lines 8-9): make two points about their life in
Corinth.   [2]

11   ὕστερον δὲ ... ἀπέκτεινεν (lines 9-11): explain how things then
went horribly wrong.   [4]

12   For each of the following Greek words, give (i) one English word
derived from it and (ii) the meaning of the English word:
         φιλοῦσα
         ἔφυγον   [4]

[Total 60]

49   (a) *The young Theseus sets out on a hazardous journey to Athens.*

ὁ δὲ Θησεύς, ἔτι παῖς ὤν, ἐν τῇ Τροιζῆνι μετὰ τῆς μητρὸς
ᾤκει. ἡ δὲ μήτηρ ἔπεμψεν αὐτὸν νεανίαν νῦν γενόμενον πρὸς
τὰς Ἀθήνας· ὁ γὰρ πατὴρ αὐτοῦ, Αἰγεύς ὀνόματι, βασιλεὺς
ἦν τῶν Ἀθηναίων. ὁ οὖν Θησεὺς ἔλιπε τὴν μητέρα καὶ τὴν
5   Τροιζῆνα, ἔχων μόνον ξίφος καὶ ἱμάτιον. ἡ δὲ ὁδὸς μακρὰ ἦν
καὶ χαλεπωτάτη, ἄγουσα αὐτὸν διὰ ὀρῶν. καὶ ἄνθρωποι
κάκιστοι ἐκεῖ ᾤκουν, ὑπὸ πάντων ὁδοιπόρων φοβούμενοι.
πρῶτον μὲν ὁ νεανίας ἐνέτυχε τῷ Περιφήτῃ· οὗτος ῥόπαλον
χάλκεον εἶχεν, ᾧ πολλοὺς ἀπέκτεινεν. ἀλλὰ ὁ Θησεὺς ἐν
10   μάχῃ τὸ ῥόπαλον λαβὼν συνέτριψε τὴν κεφαλὴν αὐτοῦ, καὶ
μετὰ ταῦτα τὸ χαλκέον ῥόπαλον ἀεὶ ἔφερεν αὐτός.

ἔπειτα δὲ πρὸς τὸν τῆς Κορίνθου ἰσθμὸν ἀφίκετο. ἐνθάδε
ηὗρε τὸν Σίνιν. οὗτος δὲ καὶ πολλάκις ἀπέκτεινεν
ὁδοιπόρους, τάδε ποιῶν· δύο πίτυας κατέκαμψεν, τοὺς τοῦ
15   ὁδοιπόρου πόδας καὶ τὰς χεῖρας ἀμφοτέραις ταῖς πίτυσιν
ἔδησεν, καὶ ἀπολύσας τὰ δένδρα διέσπασε τὸ σῶμα αὐτοῦ.
ὁ δὲ Θησεὺς τὸν Σίνιν λαβὼν ὁμοίως ἐκόλασεν, τὰ τοῦ
σώματος μέρη ἐν τοῖς ὄρεσι λιπών.

Names

	Θησεύς -έως, ὁ	Theseus
	Τροιζήν -ῆνος, ἡ	Troezen *(city in southern Greece)*
	Ἀθῆναι -ῶν, αἱ	Athens
	Αἰγεύς -έως, ὁ	Aegeus
8	Περιφήτης -ου, ὁ	Periphetes
	Κόρινθος -ου, ἡ	Corinth *(city in central Greece)*
	Σίνις -ιδος *(acc Σίνιν)*, ὁ	Sinis

Vocabulary

	ξίφος -ους, τό	sword
	ἱμάτιον -ου, τό	cloak
	μακρός -ά -όν	long
	ὁδοιπόρος -ου, ὁ	traveller
8	ἐντυγχάνω *aor* ἐνέτυχον	I meet *(+ dat)*
	ῥόπαλον -ου, τό	club

	χάλκεος -α -ον	made of bronze
	συντρίβω *aor* συνέτριψα	I smash
	ἰσθμός -οῦ, ὁ	isthmus *(narrow neck of land)*
14	πίτυς -υος, ἡ	pine-tree
	κατακάμπτω *aor* κατέκαμψα	I bend (something) downwards
	ἀμφότεροι -αι -α	both
	δέω *aor* ἔδησα	I tie, I fasten
	ἀπολύω *aor* ἀπέλυσα	I release, I let go
16	διασπάω *aor* διέσπασα	I tear apart
	ὁμοίως	in the same way
	μέρος -ους, τό	part

1 ὁ δὲ Θησεύς ... 'Αθηναίων (lines 1-4): what do we learn here about Theseus and his family? [5]

2 ὁ οὖν Θησεὺς ... ὁρῶν (lines 4-6): describe in detail Theseus' departure and journey. [5]

3 καὶ ἄνθρωποι ... φοβούμενοι (lines 6-7): what are we told about the inhabitants of the mountainous region Theseus passed through? [3]

4 πρῶτον ... ἀπέκτεινεν (lines 8-9): what was scary about Periphetes? [3]

5 ἀλλὰ ... αὐτός (lines 9-11): how did Theseus deal with him, and thereby acquire a permanent accessory? [4]

6 Translate lines 12-18 into good English. [20]

(Turn over)

(b) *Theseus sees off further opponents and reaches Athens.*

μετὰ δὲ ταῦτα ἡ ὁδὸς ἐπὶ κρημνῶν ἦν. ἐνθάδε ὁ Σκίρων,
ἄλλος ἀνὴρ κάκιστος, ἠνάγκασε πάντα ὁδοιπόρον λούειν τοὺς
πόδας αὐτοῦ· τότε δὴ τὸν τοῦτο ποιοῦντα ἀπὸ τοῦ κρημνοῦ
ἐλάκτισεν. ὁ δὲ Θησεὺς ἥρπασε τοὺς πόδας προσποιούμενος
5 λούειν, καὶ ἐλάκτισε τὸν Σκίρωνα εἰς τὴν θάλασσαν. ἔπειτα
δὲ ἀφίκετο πρὸς τὴν τοῦ Προκρούστου οἰκίαν. καὶ οὗτος
ἐφαίνετο ἤπιος εἶναι, ξενίαν τοῖς ὁδοιπόροις παρέχων. ἀλλὰ
κλίνην εἶχεν, ἐν ᾗ ἠνάγκαζεν αὐτοὺς καθεύδειν. καὶ ἀεὶ
εἶπεν ὅτι δεῖ τὸν ξένον τῇ κλίνῃ προσαρμόζειν· τοὺς μὲν οὖν
10 μικροτέρους ἐξέτεινεν, ἀπὸ δὲ τῶν μακροτέρων μέρος
ἀπέκοψεν. ὁ δὲ Θησεὺς ἀπέκοψε τὴν τοῦ Προκρούστου
κεφαλήν. οὕτως οὖν ἡ χώρα ἀσφαλὴς ἐγένετο, καὶ ὁ νεανίας
πρὸς τὰς ᾿Αθήνας προσῆλθεν.

Names

Σκίρων -ωνος, ὁ	Sciron
Θησεύς -έως, ὁ	Theseus
Προκρούστης -ου, ὁ	Procrustes
᾿Αθῆναι -ῶν, αἱ	Athens

Vocabulary

	ἐπί	on *(+ gen)*
	κρήμνος -οῦ, ὁ	cliff
	ὁδοιπόρος -ου, ὁ	traveller
	λούω	I wash
4	λακτίζω *aor* ἐλάκτισα	I kick
	ἁρπάζω *aor* ἥρπασα	I grab
	προσποιέομαι	I pretend
	ἤπιος -α -ον	kind, friendly
	ξενία -ας, ἡ	hospitality
8	κλίνη -ης, ἡ	bed
	προσαρμόζω	I fit, I am the right size for *(+ dat)*
	ἐκτείνω *aor* ἐξέτεινα	I stretch (someone) out
	μακρός -ά -όν	long
	μέρος -ους, τό	part

11   ἀποκόπτω *aor* ἀπέκοψα   I cut off
        ἀσφαλής -ές   safe

7   μετὰ δὲ ... ἐλάκτισεν (lines 1-4): how did Sciron habitually treat travellers? [4]

8   ὁ δὲ Θησεὺς ... θάλασσαν (lines 4-5): how did Theseus deal with him? [3]

9   ἔπειτα δὲ ... παρέχων (lines 5-7): in what way did Procrustes initially seem benign? [2]

10   ἀλλὰ ... ἀπέκοψεν (lines 7-11): describe what the catch was. [4]

11   ὁ δὲ Θησεὺς ... προσῆλθεν (lines 11-13):
        (a) what did Theseus do to Procrustes? [1]
        (b) what had Theseus achieved on his journey to Athens? [2]

12   For each of the following Greek words, give (i) one English word derived from it and (ii) the meaning of the English word:
        πατήρ
        σῶμα [4]

[Total 60]

50 (a) *Philoctetes is abandoned by the rest of the Greeks on their way*
to Troy, but a prophecy later makes them seek his help.

ἐπεὶ δὲ οἱ Ἕλληνες εἰς Αὐλίδα συνῆλθον ἵνα πρὸς τὴν Τροίαν
πλέοιεν, ἦν ἐν αὐτοῖς ὁ Φιλοκτήτης ὁ τοῦ Ποίαντος υἱὸς
ἔχων ἑπτὰ ναῦς καὶ τὸ τοῦ Ἡρακλέους τόξον. ἐν δὲ τῇ ὁδῷ
ὡρμίσαντο ἐν νησῷ τινι, Χρύσῃ ὀνόματι, ἵνα θύοιεν τῇ ἐκεῖ
5   θεᾷ. ἀλλά, θυόντων αὐτῶν, δράκων ἐκ τοῦ βωμοῦ ἐξελθὼν
ἔδακε τὸν τοῦ Φιλοκτήτου πόδα. καὶ καίπερ δεινὸν τραῦμα
παθών, ὁ Φιλοκτήτης μετὰ τῶν ἄλλων ἔπλευσεν. οὗτοι δέ,
πολὺν χρόνον πλέοντες, οἷοί τ' ἦσαν φέρειν οὔτε τὰς τοῦ
Φιλοκτήτου βοὰς οὔτε τὴν τοῦ τραύματος ὀσμήν. ἔλιπον οὖν
10 τὸν Φιλοκτήτην ἐν νησῷ τινι ἐρήμῃ, Λήμνῳ ὀνόματι. καὶ
ἐκεῖ ἠναγκάσθη μένειν.

οἱ δὲ ἄλλοι Ἕλληνες πρὸς τὴν Τροίαν ἀφίκοντο. ἐκεῖ ἐννέα
ἔτη ἐμαχοντο, ἀλλὰ οὐχ οἷοί τ' ἦσαν τὴν πόλιν λαβεῖν. τέλος
δέ, τῷ τοῦ πολέμου δεκάτῳ ἔτει, μάντις τις "τὴν Τροίαν"
15 ἔφη "οὐδέποτε λήψεσθε διότι οὔτε τὸν Φιλοκτήτην οὔτε τὸ
τοῦ Ἡρακλέους τόξον ἔχετε." ταῦτα οὖν ἀκούσαντες εὐθὺς
ἔπεμψαν πρὸς τὴν Λήμνον τὸν Ὀδυσσέα καὶ τὸν
Νεοπτόλεμον, τὸν τοῦ Ἀχιλλέως υἱόν.

Names

	Αὐλίς -ίδος, ἡ	Aulis (*port in central Greece*)
	Τροία -ας, ἡ	Troy
	Φιλοκτήτης -ου, ὁ	Philoctetes
	Ποίας -αντος, ὁ	Poeas
3	Ἡράκλης -έους, ὁ	Heracles
	Χρύση -ης, ἡ	Chryse
	Λῆμνος -ου, ἡ	Lemnos
	Ὀδυσσεύς -έως, ὁ	Odysseus
	Νεοπτόλεμος -ου, ὁ	Neoptolemus
18	Ἀχιλλεύς -έως, ὁ	Achilles

Vocabulary

	συνέρχομαι *aor* συνῆλθον	I meet, I gather
	τόξον -ου, τό	bow
	ὁρμίζομαι *aor* ὡρμίσαμην	I moor, I anchor
	δράκων -οντος, ὁ	snake
5	βωμός -οῦ, ὁ	altar
	δάκνω *aor* ἔδακον	I bite
	τραῦμα -ατος, τό	wound
	ὀσμή -ῆς, ἡ	smell
	ἐρῆμος -η -ον	lonely, deserted
14	πόλεμος -ου, ὁ	war
	δέκατος -η -ον	tenth
	μάντις -εως, ὁ	prophet

1   ἐπεὶ δὲ ... τόξον (lines 1-3): what do we learn here about
Philoctetes?   [5]

2   ἐν δὲ ... θεᾷ (lines 3-5): why did the Greeks moor at Chryse?   [3]

3   ἀλλά ... ἔπλευσεν (lines 5-7):
(a) what accident happened there?   [2]
(b) what did Philoctetes do despite this?   [2]

4   οὗτοι δέ ... ὀσμήν (lines 7-9): what problems did Philoctetes cause
for his ship-mates?   [4]

5   ἔλιπον ... μένειν (lines 9-11): what happened to him as a
result?   [4]

6   Translate lines 12-18 into good English.   [20]

(Turn over)

(b) *A vision of Heracles proves decisive in persuading Philoctetes to go to Troy.*

ὁ δὲ Ὀδυσσεὺς καὶ ὁ Νεοπτόλεμος δι' ὀλίγου πρὸς τὴν νῆσον ἀφίκοντο. καὶ ηὗρον ἐκεῖ τὸν Φιλοκτήτην δεινὰ πάσχοντα. μόνος γὰρ ἦν ἐν νήσῳ ἐρήμῃ, καὶ ὠργίσθη διότι οἱ Ἕλληνες αὐτὸν ἐκεῖ πρότερον ἔλιπον. διὰ δὲ τὸ τοῦ ποδὸς τραῦμα ἔτι
5 ἐλυπεῖτο. πρῶτον μὲν οὖν οὐκ ἤθελε τοῖς Ἕλλησι βοηθεῖν. ἔπειτα δὲ ὁ Ἡράκλης αὐτὸς ἐκ τοῦ οὐρανοῦ ἐφάνη· ἐκέλευσε τὸν Φιλοκτήτην πρὸς Τροίαν ἰέναι ἵνα οἱ τῶν Ἑλλήνων ἰατροὶ τὸ τραῦμα αὐτοῦ θεραπεύοιεν. πάντες οὖν πρὸς τὴν Τροίαν ἔπλευσαν. ὁ δὲ Φιλοκτήτης τῷ τόξῳ ἀπέκτεινε τὸν
10 Πάριν τὸν τοῦ Πριάμου υἱόν, καὶ οἱ Ἕλληνες τέλος ἔλαβον τὴν πόλιν.

Names

Ὀδυσσεύς -έως, ὁ	Odysseus
Νεοπτόλεμος -ου, ὁ	Neoptolemus
Φιλοκτήτης -ου, ὁ	Philoctetes
Ἡράκλης -έους, ὁ	Heracles
7 Τροία -ας, ἡ	Troy
Πάρις -ιδος *(acc Πάριν)*, ὁ	Paris
Πρίαμος -ου, ὁ	Priam *(king of Troy)*

Vocabulary

ἐρῆμος -η -ον	lonely, deserted
τραῦμα -ατος, τό	wound
λυπέομαι	I am in pain
οὐρανός -οῦ, ὁ	sky
8 θεραπεύω	I heal
τόξον -ου, τό	bow

7   ὁ δὲ ᾿Οδυσσεὺς ... πάσχοντα (lines 1-2):
     (a) write down a Greek phrase indicating that Odysseus and
     Neoptolemus did not take long to reach Lemnos;   [1]
     (b) what state did they find Philoctetes in?   [2]

8   μόνος ... ἐλυπεῖτο (lines 3-5): explain why Philoctetes was angry
     and in pain.   [4]

9   πρῶτον ... βοηθεῖν (line 5): what was Philoctetes initially unwilling
     to do?
          A   go to Greece
          B   help the Greeks
          C   stop shouting   [1]

10   ἔπειτα ... θεραπεύοιεν (lines 6-8): when Heracles appeared, what
     did he order Philoctetes to do, and why?   [3]

11   πάντες ... πόλιν (lines 8-11): describe in detail what happened
     after all the men sailed to Troy.   [5]

12   For each of the following Greek words, give (i) one English word
     derived from it and (ii) the meaning of the English word:
          μόνος
          ποδός   [4]

[Total 60]

117

Section 3

51 *The Assyrians escape after Cyrus has defeated them in a battle; he
gains their possessions, but is unable to pursue them.*

μετὰ τὴν τοῦ <u>Κύρου</u> νίκην, οἱ <u>Ἀσσύριοι</u> ἔφυγον τῆς νυκτός.
τοῦ γὰρ ἡγεμόνος καὶ τῶν ἀρίστων στρατιωτῶν ἐν τῇ μάχῃ
ἀποθανόντων, πάντες ἐφοβοῦντο. οἱ δὲ σύμμαχοι αὐτῶν,
ὁρῶντες ταῦτα, ἔλιπον τὸ <u>στρατόπεδον</u> καὶ ταχέως ἀπῆλθον.

5 ὡς δὲ ἡμέρα ἐγένετο, ὁ <u>Κῦρος</u> τὸν ποταμὸν μετὰ τῆς
στρατιᾶς διαβὰς ηὗρε πάντα τὰ τῶν πολεμίων. <u>συγκαλέσας</u>
δὲ τοὺς στρατιώτας εἶπε τάδε· "ὁρᾶτε τοὺς πολεμίους,
<u>δειλοὺς</u> ὄντας, ἤδη φυγόντας." καὶ ἠρώτησέ τις τῶν
στρατιωτῶν "διὰ τί οὖν οὐ διώκομεν τοὺς πολεμίους ὡς
10 τάχιστα;" ὁ δὲ <u>Κῦρος</u> ἀπεκρίνατο "οὐχ οἷοί τ' ἐσμὲν τοῦτο
ποιεῖν διότι ἵππους οὐκ ἔχομεν· ἀλλὰ οἱ πρῶτοι τῶν
πολεμίων, οὓς μάλιστα χρὴ ἡμᾶς ἢ λαβεῖν ἢ ἀποκτεῖναι,
<u>ἐφ' ἵππων</u> φεύγουσιν."

Names

Κῦρος -ου, ὁ	Cyrus *(the Great, king of Persia 559-530 BC)*
Ἀσσύριοι -ων, οἱ	Assyrians

Vocabulary

στρατόπεδον -ου, τό	camp
συγκαλέω *aor* συνεκάλεσα	I call together
δειλός -ή -όν	cowardly
ἐφ' ἵππων	on horseback

52 *After the Persian king Cyrus has defeated the Lydian king Croesus,*
the Ionians (subjects of Croesus on easy terms) try to negotiate with
his conqueror whose overtures they had previously rejected.

οἱ δὲ Ἴωνες, ἐπεὶ ἔμαθον τοὺς Πέρσας νικήσαντας τὸν
Κροῖσον, ἀγγέλους πρὸς τὸν Κῦρον ἔπεμψαν ὡς ἐροῦντας
τάδε· "ἐὰν σὺ ἐθέλῃς, ὦ βασιλεῦ, καὶ ἡμεῖς ἐθέλοντες
ὑπήκοοί σου γενησόμεθα ὥσπερ πρότερον τοῦ Κροίσου ἦμεν."

5   ὁ δὲ Κῦρος, ταῦτα ἀκούσας, εἶπεν αὐτοῖς τόνδε τὸν μῦθον·
"αὐλητής τις, ὡς εἶδε πολλοὺς ἰχθύας ἐν τῇ θαλάσσῃ, ηὔλησε
νομίζων αὐτοὺς διὰ τοῦτο ἐκβήσεσθαι εἰς τὴν γῆν. ἐπεὶ
μέντοι ταῦτα οὐκ ἐγένετο, ἀμφιβλήστρῳ ἐχρήσατο ἵνα
αὐτοὺς λάβοι. καὶ πλείστους δὴ οὕτως ἔλαβεν. ἔπειτα δέ,
10   ἰδὼν αὐτοὺς ἐν τῷ ἀμφιβλήστρῳ παλλομένους, 'παύεσθε
νῦν ὀρχούμενοι' ἔφη 'διότι οὐκ ἠθέλετε ἐμοῦ αὐλοῦντος
ἐκβαίνειν ὀρχούμενοι.'"

Names

Ἴωνες -ων, οἱ		Ionians *(Greeks living in cities on the coast of modern Turkey)*
Πέρσαι -ων, οἱ		Persians
Κροῖσος -ου, ὁ		Croesus *(king of Lydia 560-546 BC)*
2	Κῦρος -ου, ὁ	Cyrus *(king of Persia 559-530 BC)*

Vocabulary

ὑπήκοοι -ων, οἱ		subjects
ὥσπερ		just as
αὐλητής -οῦ, ὁ		flute-player
ἰχθύς -ύος, ὁ		fish
6	αὐλέω *aor* ηὔλησα	I play the flute
ἀμφίβληστρον -ου, τό		fishing-net
πάλλομαι		I jump up and down
ὀρχέομαι		I dance

53 *Solon's trick helps the Athenians to recover the island of Salamis from the Megarians.*

ἐπεὶ οἱ <u>Μεγαρῆς</u> τὴν νῆσον <u>Σαλαμῖνα</u> ἔλαβον, οἱ ᾿Αθηναῖοι (<u>ἔκαμνον</u> γάρ) <u>οὐκέτι</u> ἤθελον πόλεμον περὶ αὐτῆς ποιεῖσθαι. ὁ μέντοι <u>Σόλων</u>, πείσας τοὺς ᾿Αθηναίους αὖθις μάχεσθαι, αὐτὸς στρατηγὸς ἐποιήθη ὑπὸ τῶν πολιτῶν. πλεύσας οὖν ὁ
5 <u>Σόλων</u> πρὸς τὴν τῆς ᾿<u>Αττικῆς</u> <u>ἄκραν</u> ηὗρεν ἐκεῖ γυναῖκάς τινας θυούσας τοῖς θεοῖς. καὶ ἐπεὶ ταύτας εἶδεν, ἔπεμψεν ἄγγελον εἰς τὴν <u>Σαλαμῖνα</u> <u>προσποιούμενον</u> <u>αὐτόμολον</u> παρὰ τῶν ᾿Αθηναίων εἶναι. οὗτος δὲ ἐκέλευσε τοὺς <u>Μεγαρέας</u> πλεῦσαι πρὸς τὴν <u>ἄκραν</u> καὶ λαβεῖν τὰς τῶν ᾿Αθηναίων
10 γυναῖκας. οἱ οὖν <u>Μεγαρῆς</u> ναῦν ἔπεμψαν καὶ στρατιώτας.

καὶ ὁ <u>Σόλων</u>, ἰδὼν τὴν ναῦν προσιοῦσαν, τὰς μὲν γυναῖκας ἀπέπεμψεν, νεανίας δέ τινας ἐκέλευσε <u>στολὴν</u> γυναικῶν ἔχοντας μένειν <u>ἐγγὺς</u> τῆς θαλάσσης, κρύψαντας τὰ ξίφη. οἱ οὖν πολέμιοι, νομίζοντες αὐτοὺς γυναῖκας εἶναι,
15 <u>ἐξεπήδησαν</u> ἐκ τῆς νεὼς ἵνα αὐτοὺς λάβοιεν. οἱ δὲ νεανίαι πάντας ἀπέκτειναν. οἱ οὖν ᾿Αθηναῖοι εὐθὺς ἐπὶ τὴν <u>Σαλαμῖνα</u> πλεύσαντες εἷλον τὴν νῆσον.

Names

	Μεγαρῆς -έων, οἱ	Megarians, people of Megara *(city-state west of Athens)*
	Σαλαμίς -ῖνος, ἡ	Salamis *(island close to Megara)*
	Σόλων -ωνος, ὁ	Solon *(Athenian statesman)*
5	᾿Αττική -ῆς, ἡ	Attica *(territory of Athens)*

Vocabulary

	κάμνω	I am weary, I am exhausted
	οὐκέτι	no longer
	ἄκρα -ας, ἡ	headland
	προσποιέομαι	I pretend
7	αὐτόμολος -ου, ὁ	deserter
	στολή -ῆς, ἡ	dress, clothing
	ἐγγύς	near *(+ gen)*
	ἐκπηδάω *aor* ἐξεπήδησα	I leap out

54 *Hipparchus, brother of the tyrant Hippias, has humiliated two young Athenians who plot with others to assassinate the tyrant at a festival; fearing the plot has been revealed they attack Hipparchus instead.*

καὶ ἐπεὶ ἦλθεν ἡ τῆς ἑορτῆς ἡμέρα, ὁ Ἱππίας ἦν ἔξω τῆς πόλεως μετὰ ὀλίγων στρατιωτῶν. ὁ δὲ Ἁρμόδιος καὶ ὁ Ἀριστογείτων, ἤδη ἔχοντες τὰ ἐγχειρίδια, παρεσκευάζοντο προσβαλεῖν τῷ τυράννῳ. ἀλλὰ ἰδόντες τρεῖς συνωμότας τῷ
5   Ἱππίᾳ φιλίως λέγοντας, ἐνόμιζον αὐτοὺς τῷ τυράννῳ τὴν βουλὴν μηνῦσαι. διὰ δὲ τοῦτο οἱ νεανίαι, νομίζοντες τοὺς στρατιώτας ἑαυτοὺς τάχιστα λήψεσθαι, διὰ τῶν πυλῶν εἰς τὴν πόλιν αὖθις εἰσέδραμον, ἵνα τὸν Ἵππαρχον εὕροιεν. οὕτω γὰρ τῷ Ἱππάρχῳ ὠργίζοντο, διότι αἴτιος ἦν τῶν κακῶν, ὥστε
10 ἤθελον αὐτόν γε κολάσαντες ἀποθανεῖν. τὸν μὲν οὖν Ἵππαρχον ζητοῦντες ἐν τῇ ἀγορᾷ πρὸ ἱεροῦ θεοῦ ηὗρον. ἔπειτα δέ, κελεύσαντες αὐτὸν μὴ φυγεῖν, ἀπέκτειναν. τῶν δὲ στρατιωτῶν νῦν βοηθούντων, ὁ μὲν Ἀριστογείτων πρῶτον μὲν ἔφυγεν, ὕστερον δὲ θανάτῳ ἐκολάσθη· ὁ δὲ Ἁρμόδιος ὑπὸ τῶν
15 στρατιωτῶν αἱρεθεὶς "ἐάν με, ὦ ἄνδρες," ἔφη "τῷ τυράννῳ ἐπιτρέπητε, δεινότατα πείσομαι. εὐθὺς οὖν ἀποκτείνατέ με." καὶ οἱ στρατιῶται ἀπέκτειναν αὐτόν.

Names

Ἱππίας -ου, ὁ	Hippias *(ruler of Athens 527-510 BC)*
Ἁρμόδιος -ου, ὁ	Harmodius
Ἀριστογείτων -ονος, ὁ	Aristogeiton
Ἵππαρχος -ου, ὁ	Hipparchus *(brother of Hippias)*

Vocabulary

	ἑορτή -ῆς, ἡ	festival
	ἔξω	outside *(+ gen)*
	ἐγχειρίδιον -ου, τό	dagger
	τύραννος -ου, ὁ	tyrant, ruler
4	συνωμότης -ου, ὁ	fellow conspirator
	φιλίως	in a friendly way
	μηνύω *aor* ἐμήνυσα	I reveal
	ἐπιτρέπω	I hand over

55   *Aristagoras fails to persuade the Spartan king Cleomenes to help the Ionians, who are revolting against their Persian masters, but has more success in Athens.*

ὁ δὲ ᾿Αρισταγόρας, συμμάχους τοῖς ῎Ιωσιν ζητῶν, πρῶτον
μὲν πρὸς τὴν Σπάρτην ἀφίκετο. καὶ πίνακα εἶχεν τῆς τῶν
Περσῶν ἀρχῆς. ὁ δὲ Κλεομένης, βασιλεὺς ὢν τῆς Σπάρτης,
πολλὰ ἄλλα περὶ τούτου ἐρωτήσας "πόση ἐστίν, ὦ ξένε," ἔφη
5   "ἡ πρὸς τὰ Σοῦσα ὁδός;" ἐπεὶ δὲ ἤκουσε τὴν ὁδὸν τριῶν
μηνῶν οὖσαν, ἐκέλευσε τὸν ᾿Αρισταγόραν εὐθὺς ἀπιέναι.

ἔπειτα δὲ ᾿Αρισταγόρας, ἐξελθὼν ἐκ τῆς Σπάρτης, ἀφίκετο
εἰς τὰς ᾿Αθήνας. προσελθὼν δὲ πρὸς τὴν ἐκκλησίαν, ἔλεγε
περὶ τῶν ἀγαθῶν τῶν ἐν τῇ ἀρχῇ. καὶ εἶπεν ὅτι ῥάδιον ἔσται
10   τοὺς Πέρσας νικῆσαι, ὡς οὔτε ἀσπίδα οὔτε δόρυ φέροντας.
ἔδοξεν οὖν τοῖς ᾿Αθηναίοις εἴκοσι ναῦς πέμψαι ἵνα βοηθοῖεν
τοῖς ῎Ιωσιν· ῥᾷον γάρ ἐστι, ὥς γε φαίνεται, πλείστους
πείθειν ἢ ἕνα. αὗται δὲ αἱ νῆες ἀρχὴ κακῶν ἐγένοντο καὶ
῞Ελλησι καὶ βαρβάροις.

Names

	᾿Αρισταγόρας -ου, ὁ	Aristagoras *(Ionian leader)*
	῎Ιωνες -ων, οἱ	Ionians *(Greeks living in cities on the coast of modern Turkey)*
	Σπάρτη -ης, ἡ	Sparta
3	Πέρσαι -ῶν, οἱ	Persians
	Κλεομένης -ους, ὁ	Cleomenes
	Σοῦσα -ων, τά	Susa *(Persian capital)*
	᾿Αθῆναι -ῶν, αἱ	Athens

Vocabulary

	πίναξ -ακος, ὁ	map
	μήν μηνός, ὁ	month
	δόρυ -ατος, τό	spear
	εἴκοσι	twenty
13	καί ... καί	both ... and

122

56   *After the Persians have been defeated at Marathon, their king*
Darius prepares to punish the Athenians, but is overtaken by events.

ἠγγέλθη δὲ περὶ τῆς μάχης τῆς ἐν <u>Μαραθῶνι</u> γενομένης. ὁ
οὖν <u>Δαρεῖος</u>, βασιλεὺς ὢν τῶν <u>Περσῶν</u>, ἀγγέλους ἔπεμψε περὶ
πάσας τὰς τῆς <u>Ἀσίας</u> πόλεις ἵνα κελεύοιεν τοὺς πολίτας
παρέχειν στρατιὰν καὶ ναῦς καὶ ἵππους καὶ σῖτον. ἐβούλετο
5 γὰρ κολάζειν τοὺς Ἀθηναίους, οἳ ἐν ταύτῃ τῇ μάχῃ τοὺς
<u>Πέρσας</u> ἐνίκησαν. καὶ τούτων ἀγγελθέντων, πολὺν χρόνον
πάντες οὕτω <u>σπουδαίως</u> <u>εἰργάζοντο</u> ὥστε τέλος στρατιὰ
μεγίστη παρεσκευάσθη. οὕτως οὖν ὁ <u>Δαρεῖος</u> <u>ἕτοιμος</u> ἦν εἰς
τὴν <u>Ἑλλάδα</u> εἰσβάλλειν.

10 ἔπειτα δὲ οἱ <u>Αἰγύπτιοι</u>, οἳ <u>ὑπήκοοι</u> τῶν <u>Περσῶν</u> ἦσαν,
<u>ἀπόστασιν</u> ἀπὸ αὐτῶν ἐποίησαν. ὁ οὖν <u>Δαρεῖος</u> νῦν ἐβούλετο
προσβαλεῖν <u>καὶ</u> τοῖς Ἕλλησι <u>καὶ</u> τοῖς Αἰγυπτίοις. ἐπεὶ
μέντοι πάντα ταῦτα παρεσκεύαζεν, <u>ἐξαίφνης</u> ἀπέθανεν. καὶ ὁ
<u>Ξέρξης</u>, υἱὸς ὢν τοῦ <u>Δαρείου</u>, βασιλεὺς ἐγένετο.

Names

	Μαραθών -ῶνος, ὁ	Marathon *(coastal place north-east of Athens, where the invading Persians were defeated in 490 BC)*
	Δαρεῖος -ου, ὁ	Darius *(king of Persia 521-486 BC)*
2	Πέρσαι -ῶν, οἱ	Persians
	Ἀσία -ας, ἡ	Asia
	Ἑλλάς -άδος, ἡ	Greece
	Αἰγύπτιοι -ων, οἱ	Egyptians
	Ξέρξης -ου, ὁ	Xerxes

Vocabulary

	σπουδαίως	eagerly
	ἐργάζομαι *impf* εἰργαζόμην	I work
	ἕτοιμος -η -ον	ready
	ὑπήκοοι -ων, οἱ	subjects
11	ἀπόστασις -εως, ἡ	rebellion
	καὶ ... καὶ	both ... and
	ἐξαίφνης	suddenly

57   *The Persian king Xerxes leads an expedition into Greece (here summarised; Passages 58-62 give more detail).*

ὁ δὲ Ξέρξης, βασιλεὺς ὢν τῶν Περσῶν, ἐβούλετο νικᾶν τὴν
Ἑλλάδα. παρεσκεύασεν οὖν μεγίστην στρατιὰν ἵνα
προσβάλοι τοῖς Ἕλλησι κατὰ γῆν καὶ κατὰ θάλασσαν. οἱ δὲ
Πέρσαι, ἀφικόμενοι εἰς χωρίον τι Θερμοπύλας ὀνόματι,
5   ηὗρον ὀλίγους Λακεδαιμονίους καὶ σχεδὸν πάντας
ἀπέκτειναν. ἐπεὶ οὖν οἱ Ἀθηναῖοι ἐπύθοντο τὰ γενόμενα,
μάλιστα ἠπόρουν· ἐνόμιζον γὰρ τοὺς Πέρσας δι᾽ ὀλίγου εἰς
τὴν Ἀττικὴν εἰσβαλεῖν. τέλος δὲ ὁ Θεμιστοκλῆς ἔπεισε τοὺς
πολίτας ἀποπέμψαι τοὺς γέροντας καὶ τὰς γυναῖκας εἰς
10   νῆσόν τινα Σαλαμῖνα καλουμένην· οἱ δὲ πολῖται αὐτοὶ
ᾠκοδόμησαν πολλὰς τριήρεις. καὶ ἐν τῇ ἐν Σαλαμῖνι
ναυμαχίᾳ αἱ μὲν τῶν Περσῶν νῆες μείζονες ἦσαν, αἱ δὲ τῶν
Ἀθηναίων θάσσονες. οἱ δὲ Ἀθηναῖοι οὕτως ἀνδρείως
ἐμάχοντο ὥστε οἱ Πέρσαι νικηθέντες ἀπέφυγον ἀπὸ τῆς
15   Ἑλλάδος καὶ οὐδέποτε ἐπανῆλθον.

Names

	Ξέρξης -ου, ὁ	Xerxes *(king of Persia 486-465 BC)*
	Πέρσαι -ῶν, οἱ	Persians
	Ἑλλάς -άδος, ἡ	Greece
	Θερμοπύλαι -ῶν, αἱ	Thermopylae *(pass in central Greece)*
8	Ἀττική -ῆς, ἡ	Attica *(territory of Athens)*
	Θεμιστοκλῆς -έους, ὁ	Themistocles *(Athenian statesman)*
	Σαλαμίς -ῖνος, ἡ	Salamis *(island near Athens)*

Vocabulary

	χωρίον -ου, τό	place
	σχεδόν	almost
	ἀπορέω	I am at a loss
	οἰκοδομέω *aor* ᾠκοδόμησα	I build
11	τριήρης -ους, ἡ	trireme *(fast warship with three banks of oars)*
	ναυμαχία -ας, ἡ	sea-battle
	ἐπανέρχομαι *aor* ἐπανῆλθον	I return

58 *Xerxes learns that some Spartan soldiers are behaving strangely*
before the battle of Thermopylae.

καὶ τῶν <u>Περσῶν</u> ἀφικομένων, οἱ ἐν <u>Θερμοπύλαις</u> Ἕλληνες
παρεσκεύαζον ἀναχωρεῖν. ὁ δὲ <u>Λεωνίδας</u>, στρατηγὸς τῶν
Λακεδαιμονίων ὤν, μετὰ τῶν <u>ὁπλιτῶν</u> ἐκεῖ μένειν μᾶλλον
ἐβούλετο, ἵνα τοῖς πολεμίοις μάχοιτο. ὁ οὖν <u>Ξέρξης</u> ἔπεμψε
5 <u>κατάσκοπον</u> ὡς πευσόμενον πόσοι εἰσὶν οἱ Λακεδαιμόνιοι καὶ
ποῦ <u>στρατοπεδεύονται</u>. καὶ οὗτος, πρὸς τὸ τοῦ <u>Λεωνίδου</u>
<u>στρατόπεδον</u> λάθρᾳ τῆς νυκτὸς προσελθών, βασιλεῖ ἤγγειλε
τάδε· "οἱ Λακεδαιμόνιοι <u>σχεδὸν εἴκοσι στάδια ἄπεισιν</u>, ὦ
βασιλεῦ, καί εἰσιν ὀλίγοι δὴ <u>ἀριθμῷ</u>. ἀλλὰ μάλιστα <u>ἀπορῶ</u>,
10 διότι εἶδον τοὺς μὲν τῶν στρατιωτῶν <u>γυμναζομένους</u>, τοὺς
δὲ τὴν <u>κόμην κτενιζομένους</u>. τί τοῦτο <u>σημαίνει</u>;"

Names

Πέρσαι -ῶν, οἱ	Persians
Θερμοπύλαι -ῶν, αἱ	Thermopylae *(mountain pass in central Greece)*
Λεωνίδας -ου, ὁ	Leonidas *(Spartan king and military commander)*
Ξέρξης -ου, ὁ	Xerxes *(king of Persia 486-465 BC)*

(2)

Vocabulary

ὁπλίτης -ου, ὁ	hoplite *(heavy-armed soldier)*
κατάσκοπος -ου, ὁ	scout, spy
στρατοπεδεύομαι	I encamp
στρατόπεδον -ου, τό	camp
σχεδόν	nearly, almost
εἴκοσι	twenty
στάδιον -ου, τό	stade *(unit of distance, = 177.6 m)*
ἄπειμι	I am ... away *(+ acc of distance)*
ἀριθμός -οῦ, ὁ	number
ἀπορέω	I am at a loss, I am perplexed
γυμνάζομαι	I exercise
κόμη -ης, ἡ	hair
κτενίζομαι	I comb
σημαίνω	I signify, I mean

(8 / 9)

125

59 *Xerxes expects his army to defeat the small Spartan force defending the pass between the mountains and the sea at Thermopylae, but the Spartans resist bravely.*

καὶ ὁ <u>Ξέρξης</u> πρὸ τῆς <u>εἰσβολῆς</u> τέσσαρας ἡμέρας ἔμενεν. τῇ δὲ πέμπτῃ ἡμέρᾳ, τῶν Λακεδαιμονίων οὐκ ἀπελθόντων, βασιλεὺς ἤδη μάλιστα ὀργιζόμενος τοὺς ἑαυτοῦ στρατιώτας ἐπὶ αὐτοὺς ἔπεμψεν ἵνα τὴν <u>εἰσβολὴν</u> λάβοι. τῶν δὲ <u>Περσῶν</u>,

5   οἳ ὑπὸ βασιλέως τοὺς Λακεδαιμονίους <u>ζωγρῆσαι</u> ἐκελεύσθησαν, πλεῖστοι μὲν ἐν τῇ μάχῃ ἔπεσον, τοσοῦτοι δὲ <u>διετέλουν</u> προσβάλλοντες ὥστε τὴν μάχην μὴ παύσασθαι. Λακεδαιμόνιοι δέ τινες καὶ ἀπέθανον, ἀλλὰ ἐλάσσονες ἢ οἱ <u>Πέρσαι</u>. τῇ δὲ <u>ὑστεραίᾳ</u> ὁ <u>Ξέρξης</u>, ἐλπίζων τοὺς

10 Λακεδαιμονίους (καίπερ ἀνδρείως μαχεσαμένους) ῥᾷον νῦν νικηθήσεσθαι, τοῖς μετὰ ἑαυτοῦ οὕτως εἶπεν· "ὦ <u>Πέρσαι</u>, ἐὰν μὴ τοὺς πολεμίους τοὺς τὴν <u>εἰσβολὴν</u> φυλάσσοντας εἰς τὴν θάλασσαν <u>σήμερον</u> διώξητε, ἐγὼ αὐτὸς ὑμᾶς δεινότατα κολάσω." οἱ μὲν οὖν <u>Πέρσαι</u>, μάλιστα φοβούμενοι, αὖθις

15 προσέβαλον τοῖς Λακεδαιμονίοις ὡς τὴν <u>εἰσβολὴν</u> αἱρήσοντες. οἱ μέντοι Λακεδαιμόνιοι αὐτοὺς ταχέως <u>ἔτρεψαν</u>.

Names

Ξέρξης -ου, ὁ	Xerxes *(king of Persia 486-465 BC)*
Πέρσαι -ῶν, οἱ	Persians

Vocabulary

	εἰσβολή -ῆς, ἡ	pass
	ζωγρέω *aor* ἐζώγρησα	I take captive
	διατελέω	I continue *(+ pple)*
	ὑστεραία -ας, ἡ	the next day
13	σήμερον	today
	τρέπω *aor* ἔτρεψα	I rout, I force to flee

60 *The Athenians, facing invasion by the Persians, consult the oracle at Delphi and receive a puzzling reply which is correctly interpreted by Themistocles.*

οἱ δὲ ᾿Αθηναῖοι, ἐπεὶ ἔμαθον τοὺς <u>Πέρσας</u> εἰς τὴν <u>῾Ελλάδα</u> εἰσβάλλοντας, ἀγγέλους πρὸς τοὺς <u>Δελφοὺς</u> ἔπεμψαν. ἐβούλοντο γὰρ ἐν ταύτῃ τῇ συμφορᾷ ἐρωτῆσαι τὸν θεὸν τί χρὴ ποιεῖν. ὁ δὲ θεὸς ἀποκρινόμενος εἶπεν "ἡ ᾿<u>Αθήνη</u> οὐχ
5   οἵά τ᾿ἐστὶ σῴζειν ὑμᾶς. οἱ γὰρ <u>Πέρσαι</u> αἱρήσουσι τὴν ὑμετέραν πόλιν. ἐὰν δὲ πιστεύσητε τῷ <u>ξυλίνῳ</u> τείχει, σωθήσεσθε. τὸ γὰρ <u>ξύλινον</u> τεῖχος μόνον <u>ἀπόρθητον</u> ἔσται."

οἱ οὖν ἄγγελοι πρὸς τὴν πόλιν <u>ἐπανελθόντες</u> ἤγγειλαν τοῖς ᾿Αθηναίοις τοὺς τοῦ θεοῦ λόγους. ἐπεὶ δὲ οἱ πολῖται ἤκουσαν
10 ταῦτα, οἱ μὲν γέροντες ἐνόμιζον τὸν θεὸν λέγειν περὶ τοῦ τῆς <u>ἀκροπόλεως</u> τείχους, ὃ πρότερον <u>ξύλινον</u> ἦν· ὁ δὲ <u>Θεμιστοκλῆς</u>, στρατηγὸς σοφός, "ἀκούσατε" ἔφη "ὦ ᾿Αθηναῖοι. ἐγὼ γὰρ τὸ ἀληθὲς περὶ τοῦ <u>χρηστηρίου</u> ἐρῶ· αἱ τῶν ᾿Αθηναίων νῆές εἰσι τὸ <u>ξύλινον</u> τεῖχος." οἱ δὲ ᾿Αθηναῖοι
15 οὕτως πεισθέντες παρεσκεύασαν τὸ ναυτικόν, μέλλοντες κατὰ θάλασσαν μαχεῖσθαι. ὕστερον δὲ μεγάλην νίκην ἐκτήσαντο. εἰ μέντοι ὁ <u>Θεμιστοκλῆς</u> μὴ ἔγνω τί λέγοι ὁ θεός, αὐτοὶ ἂν ἐνικήθησαν.

Names

	Πέρσαι -ῶν, οἱ	Persians
	῾Ελλάς -άδος, ἡ	Greece
	Δελφοί -ῶν, οἱ	Delphi *(oracle in central Greece)*
	᾿Αθήνη -ης, ἡ	Athene *(patron goddess of Athens)*
12	Θεμιστοκλῆς -έους, ὁ	Themistocles *(Athenian statesman)*

Vocabulary

	ξύλινος -η -ον	wooden
	ἀπόρθητος -ον	intact
	ἐπανέρχομαι *aor* ἐπανῆλθον	I return
	ἀκρόπολις -εως, ἡ	the Acropolis *(citadel of Athens)*
13	χρηστήριον -ου, τό	oracle, prophecy

61   *While the Persians are being defeated in the naval battle at Salamis,*
their ally Artemisia escapes from her pursuers in an unusual way
and gains the approval of Xerxes.

ἐπεὶ ἔφευγον πᾶσαι αἱ βασιλέως νῆες, ἡ τῆς Ἀρτεμισίας
ναῦς ἐδιώκετο ὑπὸ νεώς τινος Ἀθηναίας· καὶ διότι οὐκ οἷά
τ' ἦν φυγεῖν, ἡ Ἀρτεμισία τήνδε τὴν βουλὴν ηὗρεν·
διωκομένη γὰρ προσέβαλε νηΐ τινι φιλίᾳ καὶ κατέδυσεν
5   αὐτήν. καὶ οὕτως δὶς εὐτυχὴς ἦν· ὁ γὰρ τῆς Ἀθηναίας νέως
τριήραρχος, ὡς εἶδεν αὐτὴν νηὶ Περσικῇ προσβάλλουσαν,
νομίζων τὴν τῆς Ἀρτεμισίας ναῦν Ἑλληνικὴν εἶναι,
ἀποστρέψας ἄλλαις ναυσὶ προσέβαλεν. ἡ οὖν Ἀρτεμισία
οὕτως ἐξέφυγεν, καὶ ἐπηνέθη ὑπὸ τοῦ Ξέρξου, ὃς ἀπὸ τῆς
10   γῆς ἐθεᾶτο τὴν μάχην. εἶπε γάρ τις τῶν παρόντων "ὦ
βασιλεῦ, ἆρα ὁρᾷς ὡς εὖ μάχεται ἡ Ἀρτεμισία; ναῦν γὰρ τῶν
πολεμίων κατέδυσεν." ἐπεὶ δὲ ταῦτα ἤκουσεν, ὁ Ξέρξης
"οἱ μὲν ἄνδρες οἱ ἐμοί" ἔφη "γεγόνασι γυναῖκες, αἱ δὲ
γυναῖκες ἄνδρες."

Names

Ἀρτεμισια -ας, ἡ	Artemisia *(queen of Halicarnassus,* *a city on the coast of modern Turkey)*
Περσικός -ή -όν	Persian
Ἑλληνικός -ή -όν	Greek
9 Ξέρξης -ου, ὁ	Xerxes *(king of Persia 486-465 BC)*

Vocabulary

φίλιος -α -ον	friendly
καταδύω *aor* κατέδυσα	I sink (something)
δίς	twice, doubly
τριήραρχος -ου, ὁ	captain
8 ἀποστρέφω *aor* ἀπέστρεψα	I turn aside
ἐπαινέω *aor pass* ἐπηνέθην	I praise
θεάομαι	I watch
πάρειμι	I am present
γεγόνασι	(they) have become

62   *After the Persian fleet has been defeated by the Greeks at Salamis,*
Xerxes receives advice from his general Mardonius.

ὁ Ξέρξης, ὡς ἔμαθε τί ἐγένετο, φοβούμενος μὴ οἱ Ἕλληνες
διαφθείρωσι τὴν ἐν τῷ Ἑλλησπόντῳ γέφυραν, εὐθὺς
ἀναχωρήσειν ἐμέλλησεν. ἄγγελον δὲ ἅμα δὲ ἔπεμψεν πρὸς
τὴν Περσικὴν ἵνα ἀγγείλειε τὴν συμφοράν. ὁ δὲ Μαρδόνιος,
5   ὁρῶν τὸν Ξέρξην μάλιστα ἀθυμοῦντα διὰ τὴν ναυμαχίαν καὶ
νομίζων αὐτὸς κολασθήσεσθαι διότι ἔπεισε τὸν βασιλέα
στρατεύειν ἐπὶ τὴν Ἑλλάδα, "ὦ δέσποτα" ἔφη "μὴ ἀθύμει διὰ
ταύτην τὴν συμφοράν· οὐ γὰρ νεῶν ἐστιν ἡμῖν ὁ ἀγών, ἀλλὰ
ἀνδρῶν καὶ ἵππων. ἐὰν μὲν δόξῃ σοι, ἡμεῖς ἔτι οἷοί τ'
10   ἐσόμεθα προσβαλεῖν τῇ Πελοποννήσῳ· εἰ δὲ μή, ἄλλην βουλὴν
ἔχω. σὺ μέν, ὦ βασιλεῦ, ἄπαγε τὸ τῆς στρατιᾶς μεῖζον
μέρος, ἐγὼ δὲ τοὺς λοιποὺς ἔχων τοὺς Ἕλληνας δι' ὀλίγου
ποιήσω δούλους σοι."

Names

	Ξέρξης -ου, ὁ	Xerxes *(king of Persia 486-465 BC)*
	Ἑλλήσποντος -ου, ὁ	Hellespont *(modern Dardanelles,*
		channel separating Europe and Asia)
	Περσική -ῆς, ἡ	Persia
4	Μαρδόνιος -ου, ὁ	Mardonius
	Ἑλλάς -άδος, ἡ	Greece
	Πελοπόννησος -ου, ἡ	Peloponnese *(southern part of*
		Greece)

Vocabulary

	μή	*(after verb of fearing)* that, lest
	γέφυρα -ας, ἡ	bridge
	ἅμα	at the same time
	ἀθυμέω	I am despondent
5	ναυμαχία -ας, ἡ	sea-battle
	στρατεύω	I make an expedition
	ἀγών -ῶνος, ὁ	contest
	εἰ δὲ μή	otherwise
	μέρος -ους, τό	part
12	λοιπός -ή -όν	left, remaining

63 The Athenian general Themistocles has been exiled and joins the
Persians, his old enemy.

ὁ δὲ <u>Θεμιστοκλῆς</u> εὐθὺς εἰς τὴν <u>Περσικὴν</u> φυγὼν ἐπιστολὴν
ἔπεμψε πρὸς τὸν ᾿<u>Αρταξέρξην</u> τὸν τοῦ <u>Ξέρξου</u> υἱόν, ὃς
<u>νεωστὶ</u> βασιλεὺς ἐγένετο. ἐν τῇ ἐπιστολῇ ἔγραψε τάδε· "<u>ἥκω</u>
σοι, ὦ βασιλεῦ, <u>Θεμιστοκλῆς</u> ὁ ᾿Αθηναῖος ἐγὼ <u>φυγάς</u>, ὑπὸ
5 τῶν ῾Ελλήνων διωχθείς. πρότερον μὲν μάλιστα ἔβλαψα
τοὺς <u>Πέρσας</u>, πλείονα δὲ ἀγαθὰ ἐποίησα. τῆς γὰρ <u>῾Ελλάδος</u>
ἀσφαλοῦς γενομένης, ἐκώλυσα τοὺς βουλομένους διώκειν τὴν
τῶν <u>Περσῶν</u> στρατιάν. νῦν οὖν σῶσόν με, τὸν <u>ἱκέτην</u>, ἐχθρὸν
τοῖς ῞Ελλησι ἤδη γενόμενον."

10 ἀκούσας δὲ ὁ ᾿<u>Αρταξέρξης</u> οὐδὲν ἐκείνῳ ἀπεκρίνατο, καίπερ
θαυμάσας τὴν <u>τόλμαν</u> αὐτοῦ· ὕστερον δὲ βασιλεὺς μετὰ τῶν
φίλων πολὺν οἶνον ἔπιεν, καὶ νυκτὸς λέγεται καθεύδων <u>τρὶς</u>
βοῆσαι· "<u>ἔχω</u> <u>Θεμιστοκλέα</u> τὸν ᾿Αθηναῖον."

Names

Θεμιστοκλῆς -έους, ὁ	Themistocles	
Περσική -ῆς, ἡ	Persia	
᾿Αρταξέρξης -ου, ὁ	Artaxerxes *(king of Persia 465-424 BC)*	
2 Ξέρξης -ου, ὁ	Xerxes *(king of Persia 486-465 BC)*	
Πέρσαι -ῶν, οἱ	Persians	
῾Ελλάς -άδος, ἡ	Greece	

Vocabulary

νεωστί	recently
ἥκω	I have come
φυγάς -άδος, ὁ	exile, person in exile
ἱκέτης -ου, ὁ	suppliant *(person seeking refuge)*
11 τόλμα -ης, ἡ	daring, boldness
τρίς	three times

64 *King Archidamus saves Sparta from the Helots who revolt after an earthquake, and the Spartans seek help from Athens against further attacks.*

τοῦ δὲ ᾿Αρχιδάμου βασιλεύοντος ἐν τῇ Σπάρτῃ, σεισμὸς
μέγας διέφθειρε τὴν πόλιν· ὁ δὲ βασιλεύς, ὁρῶν τοὺς πολίτας
πειρωμένους σῴζειν τὰ τιμιώτατα ἐκ τῶν οἰκιῶν, ταχέως
ᾔσθετο αὐτοὺς ἐν κινδύνῳ ὄντας. ἐκέλευσεν οὖν πάντας μετὰ
5 τῶν ὅπλων πρὸς ἑαυτὸν ὡς τάχιστα ἐλθεῖν. τοῦτο δὲ ποιήσας
τὴν Σπάρτην ἔσωσεν. οἱ γὰρ Εἵλωτες ἐκ τῶν ἀγρῶν
συνέδραμον ἵνα ἀποκτείνωσι τοὺς πολίτας τοὺς περιόντας.
ἐπεὶ μέντοι ηὗρον αὐτοὺς ἐν ὅπλοις συνταχθέντας, ἀπῆλθον
πρὸς ὄρος τι ἐγγὺς τῆς πόλεως ὄν. μετὰ δὲ ταῦτα πολλάκις
10 προσέβαλον τοῖς πολίταις. οἱ οὖν Λακεδαιμόνιοι πρὸς τὰς
᾿Αθήνας ἀγγέλους ἔπεμψαν ὡς αἰτησομένους τοὺς ἐκεῖ
βοηθεῖν. ἐκκλησίας δὲ γενομένης, ὁ Κίμων εἶπεν ὅτι δεῖ
βοηθεῖν τοῖς Λακεδαιμονίοις. καὶ οὕτω πιθανὸς ἦν ὥστε οἱ
᾿Αθηναῖοι πολλοὺς στρατιώτας ἔπεμψαν, τοῦ Κίμωνος αὐτοῦ
15 στρατηγοῦντος.

Names

	᾿Αρχίδαμος -ου, ὁ	Archidamus
	Σπάρτη -ης, ἡ	Sparta
	Εἵλωτες -ων, οἱ	Helots *(slave-labourers in Sparta)*
	᾿Αθῆναι -ῶν, αἱ	Athens
12	Κίμων -ωνος, ὁ	Cimon *(Athenian statesman)*

Vocabulary

	σεισμός -οῦ, ὁ	earthquake
	τίμιος -α -ον	valuable
	συντρέχω *aor* συνέδραμον	I run together
	περίειμι	I survive
8	συντάσσω *aor pass* συνετάχθην	I draw up together
	ἐγγύς	near *(+ gen)*
	πιθανός -ή -όν	persuasive
	στρατηγέω	I serve as a general, I command

65   *A Spartan herald, failing to gain a hearing in Athens, predicts*
disaster as he leaves.

ὁ δὲ ᾿Αρχίδαμος, βασιλεὺς ὢν τῶν Λακεδαιμονίων, κήρυκα
πρὸς τὰς ᾿Αθήνας ἔπεμψεν. οἱ μέντοι ᾿Αθηναῖοι οὔτε
ἐδέξαντο αὐτὸν εἰς τὴν πόλιν οὔτε ἤκουσαν, ἀλλὰ ἐκέλευσαν
ἀπὸ τῆς ᾿Αττικῆς ἀπελθεῖν τῇ αὐτῇ ἡμέρᾳ. συνέπεμψαν δὲ
5   τῷ κήρυκι ἀγωγούς, ἵνα μηδενὶ συγγένοιτο. ὁ δέ, ἐπεὶ ἔμελλε
πορεύσεσθαι, εἶπεν· "ἥδε ἡ ἡμέρα ἀρχὴ κακῶν ἔσται τοῖς
῞Ελλησιν." ὡς δὲ ἀφίκετο εἰς τὸ τῶν Λακεδαιμονίων
στρατόπεδον, ἤγγειλε τῷ ᾿Αρχιδάμῳ τὰ γενόμενα· ὁ οὖν
βασιλεύς, ἐπεὶ νῦν ἔγνω ὅτι οἱ ᾿Αθηναῖοι οὐδέποτε
10   ἐνδώσουσιν, εἰς τὴν χώραν αὐτῶν εἰσέβαλεν.

Names

᾿Αρχίδαμος -ου, ὁ	Archidamus
᾿Αθῆναι -ῶν, αἱ	Athens
᾿Αττική -ῆς, ἡ	Attica *(territory of Athens)*

Vocabulary

κῆρυξ -υκος, ὁ	herald
συμπέμπω *aor* συνέπεμψα	I send with *(+ dat)*
ἀγωγός -οῦ, ὁ	escort
συγγίγνομαι *aor* συνεγενόμην	I communicate with *(+ dat)*
8 στρατόπεδον -ου, τό	camp
ἐνδίδωμι *fut* ἐνδώσω	I surrender

66   *Immediately before the outbreak of war, the Thebans enter the city of Plataea through treachery, but are attacked by the inhabitants.*

οἱ Θηβαῖοι ἐν ὅπλοις εἰσῆλθον εἰς τὴν Πλαταίαν, πόλιν
οὖσαν τῆς Βοιωτίας. τῶν γὰρ πολιτῶν τινες, οἳ οὐκ ἤθελον
σύμμαχοι εἶναι τοῖς Ἀθηναίοις, ἔμελλον τὴν πόλιν
προδώσειν αὐτοῖς. ἔγνωσαν γὰρ τοὺς Θηβαίους πολεμίους
5   ὄντας τοῖς Ἀθηναίοις. οἱ δὲ Θηβαῖοι, προΐδοντες πόλεμον
γενησόμενον, ἐβούλοντο τὴν Πλαταίαν, ἀεὶ ἐχθρὰν ἑαυτοῖς,
ἔτι ἐν εἰρήνῃ καταλαβεῖν.

εἰσελθόντες οὖν ἐπειρῶντο ἄγειν τὴν πόλιν εἰς φιλίαν. οἱ δὲ
πολῖται, ὡς ᾔσθοντο ἔνδον ὄντας τοὺς Θηβαίους, πρῶτον μὲν
10   οὐδὲν ἐποίουν· ἐνόμιζον γὰρ πολλοὺς εἰσελθεῖν. ὕστερον δέ,
ἰδόντες αὐτοὺς ὀλίγους ὄντας, ἤλπισαν ῥᾳδίως ἐκβαλεῖν τοὺς
εἰσελθόντας. πάντες οὖν λάθρᾳ εἰς μέσην τὴν πόλιν ἔτρεχον·
καὶ ἐπεὶ πάντα ἑτοῖμα ἦν, ἔτι νυκτὸς οὔσης, ἰσχυρῶς
προσέβαλον. οἱ δὲ Θηβαῖοι, ὡς ἔγνωσαν τὰ γιγνόμενα,
15   φοβούμενοι διὰ τῶν ὁδῶν ἔφυγον.

Names

	Θηβαῖοι -ων, οἱ	Thebans, men of Thebes *(city in central Greece, allied to Sparta)*
	Πλαταία -ας, ἡ	Plataea *(city in central Greece, allied to Athens)*
2	Βοιωτία -ας, ἡ	Boeotia *(region of central Greece)*

Vocabulary

	προδίδωμι *fut* προδώσω	I betray
	προοράω *aor* προεῖδον	I foresee
	καταλαμβάνω *aor* κατέλαβον	I take possession of
	φιλία -ας, ἡ	friendship
9	ἔνδον	inside
	μέσος -η -ον	middle (part of)
	ἑτοῖμος -η -ον	ready

67 *The Spartan general Brasidas leads an expedition against Amphipolis, a city allied to Athens; the Athenian general Thucydides arrives too late to prevent the surrender of the city.*

τοῦ αὐτοῦ ἔτους ὁ <u>Βρασίδας</u>, πολλοὺς στρατιώτας ἔχων, <u>στρατείαν</u> ἐπὶ τὴν ᾿Αμφίπολιν ἤγαγεν. καίπερ μεγάλου χειμῶνος γενομένου, <u>οὐδὲ</u> τῆς νυκτὸς ἐπαύσατο πορευόμενος διότι ἐβούλετο πρὸς τὴν πόλιν ὡς τάχιστα ἀφίκεσθαι. καὶ οὐ
5 πολλῷ ὕστερον <u>ἐκράτησε</u> πάσης τῆς χώρας τῆς <u>ἔξω</u> τῶν τῆς πόλεως τειχῶν, ἀλλὰ οὐχ οἷός τ᾿ ἦν λαβεῖν τὴν πόλιν αὐτήν.

ἔπειτα δὲ ἐπύθετο στρατηγόν τινα τῶν ᾿Αθηναίων, <u>Θουκυδίδην</u> ὀνόματι, πολλαῖς ναυσὶ προσπλέοντα ἵνα σώσειε τοὺς τὴν πόλιν φυλάσσοντας. ὁ οὖν <u>Βρασίδας</u>, μάλιστα
10 φοβούμενος τὸν <u>κατάπλουν</u> αὐτῶν, ἐκέλευσε τοὺς μετὰ ἑαυτοῦ καὶ ἰσχυρότερον τὴν πόλιν <u>πολιορκεῖν</u>· ἤλπιζε γὰρ τὴν πόλιν αἱρεθήσεσθαι τοῦ Θουκυδίδου <u>οὔπω</u> εἰς τὸν λιμένα ἀφικομένου. καὶ τοῖς πολίταις ἤγγειλε τάδε· "ἐάν, ὦ ἄνδρες, <u>ἐπιτρεπήτε</u> μοι τὴν ὑμετέραν πόλιν καὶ ὑμᾶς αὐτούς,
15 ἐξέσται ὑμῖν ἐν τῇ πόλει μένειν." οἱ μὲν οὖν πολῖται τὴν πόλιν <u>ἐπὶ τούτοις</u> ἐπέτρεψαν· ὁ δὲ <u>Θουκυδίδης</u> <u>ὀψὲ</u> ἀφίκετο.

Names

Βρασίδας -ου, ὁ	Brasidas
᾿Αμφίπολις -εως, ἡ	Amphipolis *(city in northern Greece)*
Θουκυδίδης -ου, ὁ	Thucydides

Vocabulary

	στρατεία -ας, ἡ	expedition
	οὐδέ	not even
	κρατέω *aor* ἐκράτησα	I gain control of *(+ gen)*
	ἔξω	outside *(+ gen)*
10	κατάπλους -ου, ὁ	arrival
	πολιορκέω	I besiege
	οὔπω	not yet
	ἐπιτρέπω *aor* ἐπέτρεψα	I hand over
	ἐπὶ τούτοις	on these terms
16	ὀψέ	too late

68   *The Athenians come to the aid of their Argive allies against the Spartans; an attack on the city of Orneae fails, but a later invasion is more successful.*

οἱ δὲ Λακεδαιμόνιοι καὶ οἱ σύμμαχοι εἰς τὴν τῶν Ἀργείων χώραν εἰσέβαλον. καὶ οἱ Ἀργεῖοι, μάλιστα φοβούμενοι, ᾔτησαν τοὺς Ἀθηναίους, συμμάχους ὄντας, ταχέως αὐτοῖς βοηθεῖν. οἱ οὖν Ἀθηναῖοι εὐθὺς ἐπορεύοντο μετὰ τριάκοντα
5   νεῶν καὶ πολλῶν ὁπλιτῶν. ἔπειτα δὲ προσέβαλον πόλει τινὶ τῶν Λακεδαιμονίων, Ὀρνεαῖς ὀνόματι. οὐ μέντοι πολὺν χρόνον ἐμάχοντο· τῆς γὰρ στρατιᾶς νυκτὸς στρατοπεδευομένης οἱ ἐκ τῆς πόλεως λάθρᾳ φυγόντες ἐσώθησαν. τῇ οὖν ὑστεραίᾳ οἱ Ἀθηναῖοι οἴκαδε ἀνεχώρησαν·
10   ὕστερον δὲ ἱππέας πολλοὺς κατὰ θάλασσαν ἔπεμψαν καὶ τοὺς τῶν πολεμίων ἀγροὺς διέφθειραν.

Names

Ἀργεῖοι -ων, οἱ	Argives, people of Argos *(city in southern Greece)*
Ὀρνεαί -ῶν, αἱ	Orneae *(city near Argos)*

Vocabulary

τριάκοντα	thirty
ὁπλίτης -ου, ὁ	hoplite *(heavy-armed soldier)*
στρατοπεδεύομαι	I encamp
ὑστεραία -ας, ἡ	the next day
9 οἴκαδε	home, homewards

69 *The Athenians, after fighting the Spartans for a long time without success, hope to acquire new allies in Sicily but instead suffer a huge disaster.*

οἱ δὲ ᾿Αθηναῖοι πολλὰ ἔτη ἐμάχοντο τοῖς Λακεδαιμονίοις,
ἀλλὰ <u>οὔπω</u> αὐτοὺς ἐνίκησαν· αὐτοὶ μὲν γὰρ <u>δυνατώτατοι</u>
ἦσαν κατὰ θάλασσαν, οἱ δὲ πολέμιοι κατὰ γῆν. ἐβούλοντο οὖν
νέους συμμάχους ποιεῖσθαι, ἵνα πλείονας ναῦς καὶ πλείονας
5 στρατιώτας ἔχοιεν. ἤλπιζον γὰρ τούτοις χρώμενοι οἷοί
τ᾿ ἔσεσθαι νικῆσαι.

ἐπεὶ οὖν <u>ἐπεκλήθησαν</u> βοηθεῖν τοῖς ἐν <u>Σικελίᾳ</u> συμμάχοις,
ἔδοξεν αὐτοῖς <u>ἐκεῖσε</u> πλεῦσαι. ἐνόμιζον γὰρ ἐν τῇ νήσῳ
ἄλλους συμμάχους εὑρήσειν. καὶ πρῶτον μὲν ἔπεμψαν <u>ἑκατὸν</u>
10 <u>τριήρεις</u> καὶ <u>πεντακισχιλίους</u> στρατιώτας. ἔπειτα δὲ μετὰ
δύο ἔτη ἄλλην μεγάλην <u>στρατείαν</u> ἐκπέμψαι ἔδει, τῆς
πρώτης <u>πρὸς</u> τῶν πολεμίων κακὰ παθούσης. τέλος δὲ πάντες
οἱ ἐν <u>Σικελίᾳ</u> ᾿Αθηναῖοι ἢ ἀπέθανον ἢ ἐλήφθησαν, καὶ τοῖς
᾿Αθηναίοις μεγίστη ἦν ἡ <u>ἀτιμία</u>.

Names

Σικελία -ας, ἡ	Sicily

Vocabulary

	οὔπω	not yet
	δυνατός -ή -όν	powerful
	ἐπικαλέω *aor pass* ἐπεκλήθην	I invite
	ἐκεῖσε	there, to that place
9	ἑκατόν	100
	τριήρης -ους, ἡ	trireme *(fast warship with three banks of oars)*
	πεντακισχίλιοι -αι -α	5000
	στρατεία -ας, ἡ	expedition
12	πρός	at the hands of *(+ gen)*
	ἀτιμία -ας, ἡ	dishonour, disgrace

70 *Near the end of the Peloponnesian War, both the enemies and the
rebellious allies of Athens are encouraged by her difficulties.*

τούτου δὲ τοῦ χειμῶνος <u>σχεδὸν</u> πάντες οἱ Ἕλληνες ἐχθροὶ
ἦσαν τοῖς Ἀθηναίοις. οἱ μὲν γὰρ τῶν Λακεδαιμονίων
σύμμαχοι μᾶλλον ἢ πρότερον ἤλπιζον λυθήσεσθαι ἀπὸ τῆς
τοῦ πολέμου <u>ταλαιπωρίας</u>· οἱ δὲ τῶν Ἀθηναίων σύμμαχοι
5   μάλιστα <u>ἕτοιμοι</u> ἦσαν <u>ἀφίστασθαι</u>. οἱ δὲ Λακεδαιμόνιοι
<u>ἔχαιρον</u>, νομίζοντες αὐτοί, τοῦ πολέμου καλῶς
<u>τελευτήσαντος</u>, πάσης τῆς <u>Ἑλλάδος</u> ἡγεμόνες ἔσεσθαι.

οὗτοι καὶ <u>ἔχαιρον</u> διὰ τὸ ἐν τῇ <u>Δεκελείᾳ</u> <u>τείχισμα</u>. τοῦτο γὰρ
τὸ <u>χωρίον</u>, ὃ <u>ἐγγὺς</u> τῶν Ἀθηνῶν ἦν, ὑπὸ τῶν Λακεδαιμονίων
10   πρότερον λήφθεν, δεινῶς ἔβλαπτε τοὺς Ἀθηναίους. πλεῖστοι
γὰρ δοῦλοι αὐτῶν <u>ἐκεῖσε</u> ἔφυγον, καὶ χαλεπὸν νῦν ἦν σῖτον
ἐκ τῆς <u>Εὐβοίας</u> εἰσάγειν διότι οἱ πολέμιοι ἐφύλασσον τὴν
γῆν. τότε δὴ ἔδοξε τοῖς <u>Χίοις</u>, οἳ ἰσχυρότατοι ἦσαν τῶν
συμμάχων, ἀπὸ τῶν Ἀθηναίων <u>ἀφίστασθαι</u>.

Names

	Ἑλλάς -άδος, ἡ	Greece
	Δεκελεία -ας, ἡ	Decelea *(place in northern Attica)*
	Ἀθῆναι -ῶν, αἱ	Athens
	Εὐβοία -ας, ἡ	Euboea *(island north of Attica)*
13	Χῖοι -ων, οἱ	Chians, people of Chios *(island off the coast of modern Turkey)*

Vocabulary

	σχεδόν	almost
	ταλαιπωρία -ας, ἡ	suffering, hardship
	ἕτοιμος -η -ον	ready
	ἀφίστασθαι *(irreg inf)*	to rebel
6	χαίρω	I rejoice
	τελευτάω *aor* ἐτελεύτησα	I come to an end
	τείχισμα -ατος, τό	fortress
	χωρίον -ου, τό	place
	ἐγγύς	near *(+ gen)*
11	ἐκεῖσε	there, to that place

71 *The Spartan general Astyochus is persuaded by the Chians to come to their aid when their slaves desert to join an invading Athenian force.*

οἱ δὲ ᾿Αθηναῖοί <u>ποτε</u> <u>ἐπολιόρκουν</u> τὴν νῆσον <u>Χίον</u>. οἱ δὲ <u>Χῖοι</u>
ἀγγέλους πέμψαντες ἐκέλευσαν τὸν ᾿<u>Αστύοχον</u>, τὸν τῶν
Λακεδαιμονίων στρατηγόν, εὐθὺς βοηθεῖν. πολλοὶ γὰρ δοῦλοι
ἦσαν ἐν τῇ <u>Χίῳ</u> (ἐν οὐδεμιᾷ ἄλλῃ πόλει, πλὴν τῆς <u>Σπάρτης</u>,
5 πλείονες ἦσαν)· καὶ οὗτοι πολλάκις ὑπὸ τῶν δεσποτῶν
δεινότατα κολαζόμενοι μάλιστα αὐτοὺς ἐμίσουν. ἐπεὶ οὖν
τὴν τῶν ᾿Αθηναίων στρατιὰν εἶδον ἐν τῇ νήσῳ
<u>στρατοπεδευομένην</u>, εὐθὺς πρὸς αὐτοὺς <u>ηὐτομόλησαν</u>· καὶ
τὴν χώραν εὖ εἰδότες τοῖς ᾿Αθηναίοις ἐβοήθουν, πολλὰ κακὰ
10 τοὺς <u>Χίους</u> ποιοῦντες. οἱ οὖν <u>Χῖοι</u> εἶπον ὅτι δεῖ τὸν
᾿<u>Αστύοχον</u> εὐθὺς βοηθεῖν· οὗτος δέ, καίπερ πρῶτον οὐ
βουλόμενος τοῦτο ποιῆσαι, ὕστερον πρὸς τὴν <u>Χίον</u> ἔπλευσε
πολλοὺς ἔχων στρατιώτας.

Names

Χίος -ου, ἡ	Chios *(large Greek island off the coast of modern Turkey)*
Χῖοι -ων, οἱ	Chians, people of Chios
᾿Αστύοχος -ου, ὁ	Astyochus
4 Σπάρτη -ης, ἡ	Sparta

Vocabulary

ποτε	once
πολιορκέω	I blockade, I besiege
στρατοπεδεύομαι	I encamp
αὐτομολέω *aor* ηὐτομόλησα	I desert

72 *The Spartan Callicratidas attacks the Athenians boldly but to disastrous effect.*

ὁ δὲ Καλλικρατίδας, στρατηγὸς ὢν τῶν Λακεδαιμονίων, εἶχε
τὸ ἕτερον κέρας ἐν τῇ ναυμαχίᾳ. Ἕρμων δὲ ὁ κυβερνήτης
"ἄμεινόν ἐστιν" ἔφη "ἀποπλεῦσαι. αἱ γὰρ τῶν Ἀθηναίων
τριήρεις ἰσχυρότεραί εἰσιν τῶν ἡμετέρων." ὁ μέντοι
5 Καλλικρατίδας αἰσχρὸν ἔφη εἶναι φεύγειν. ἐμάχοντο οὖν
αἱ τριήρεις πολὺν χρόνον, πρῶτον μὲν ἐν τάξει, ἔπειτα δὲ
ἄνευ κόσμου.

ἐπεὶ δὲ ὁ Καλλικρατίδας εἰς τὴν θάλασσαν πεσὼν ἀπέθανεν,
καὶ ὁ Πρωτόμαχος ὁ Ἀθηναῖος καὶ οἱ μετὰ αὐτοῦ ἐν τῷ δεξιῷ
10 κέρατι ἐνίκησαν, τότε δὴ οἱ Λακεδαιμόνιοι καὶ οἱ σύμμαχοι
ἔφευγον. τριήρεις πέντε καὶ εἴκοσι τῶν Ἀθηναίων ὑπὸ τῶν
Λακεδαιμονίων διεφθάρησαν· οἱ δὲ Ἀθηναῖοι ἐννέα ναῦς
τῶν Λακεδαιμονίων διέφθειραν καὶ τῶν συμμάχων ὡς
ἑξήκοντα.

Names

Καλλικρατίδας -ου, ὁ	Callicratidas
Ἕρμων -ωνος, ὁ	Hermon
Πρωτόμαχος -ου, ὁ	Protomachus

Vocabulary

	ἕτερος -α -ον	one *(of two)*
	κέρας -ατος, τό	wing *(of fleet)*
	ναυμαχία -ας, ἡ	sea-battle
	κυβερνήτης -ου, ὁ	helmsman, steersman
4	τριήρης -ους, ἡ	trireme *(fast warship with three banks of oars)*
	τάξις -εως, ἡ	rank, formation
	κόσμος -ου, ὁ	good order
	δεξιός -ά -όν	right, on the right hand side
13	ὡς	*(here)* about
	ἑξήκοντα	sixty

73 *Greek mercenaries hired by the Persian prince Cyrus and led by his friend Clearchus, a Greek exile, are unhappy when they discover Cyrus wants them to fight against his brother, the Persian king.*

ἡ δὲ στρατιὰ πολλὰς ἡμέρας ἔμενεν. οἱ γὰρ στρατιῶται ἔλεγον τῷ <u>Κλεάρχῳ</u> τάδε· "οὐ βουλόμεθα προσβαλεῖν τῷ βασιλεῖ." ἐπεὶ ὁ <u>Κλέαρχος</u> οὐχ οἷός τ' ἦν ἀναγκάζειν αὐτοὺς μάχεσθαι, ἐκκλησίαν τῶν στρατιωτῶν συνέλεξεν. καὶ οἱ

5 στρατιῶται ὁρῶντες αὐτὸν πολὺν χρόνον δακρύοντα ἐθαύμαζον. ἔπειτα δὲ ὁ <u>Κλέαρχος</u> "μὴ θαυμάζετε," ἔφη "ὦ ἄνδρες, ὅτι οὐ <u>χαίρω</u>. ὁ γὰρ <u>Κῦρος</u> ἐμοὶ ξένος ἐγένετο, καὶ ἐτίμησέ με φυγόντα ἐκ τῆς ἐμῆς χώρας· ὥστε δεῖ με <u>χάριν</u> <u>ἔχειν</u> αὐτῷ. ἐπεὶ ὁ <u>Κῦρος</u> ἐκάλεσέ με, ἐγὼ ὑμᾶς ἄγων ἦλθον

10 ὡς βοηθήσων αὐτῷ. νῦν δὲ οὐκ ἐθέλετε ἐμοὶ πείθεσθαι. ἀλλὰ οὐδέποτε λείψω ὑμᾶς, Ἕλληνας ὄντας. ἄνευ γὰρ ὑμῶν οὐδὲν οἷός τ' ἔσομαι πράσσειν."

Names

Κλέαρχος -ου, ὁ	Clearchus
Κῦρος -ου, ὁ	Cyrus

Vocabulary

χαίρω	I rejoice, I am happy
χάριν ἔχω	I feel gratitude to *(+ dat)*

74   *Leotychidas and Agesilaus argue over which of them is the rightful heir of the Spartan king Agis.*

μετὰ δὲ τοῦτο ὁ ᾿Αγις, ὁ τῶν Λακεδαιμονίων βασιλεύς,
ἀφικόμενος εἰς τοὺς Δελφοὺς καὶ θύσας, ἀπίων ἐνόσησεν. καὶ
γέρων ἤδη ὤν, ἀπεφέρετο μὲν εἰς τὴν Σπάρτην ἔτι ζῶν, ἐκεῖ
δὲ ἀπέθανεν. ἐπεὶ δὲ ἔδει τοὺς Λακεδαιμονίους βασιλέα
5   αἱρεῖσθαι, ἀντέλεγον περὶ τούτου Λεωτυχίδης, φάσκων υἱὸς
τοῦ ᾿Αγιδος εἶναι, καὶ ᾿Αγησίλαος ὁ ἀδελφός.

ὁ δὲ Λεωτυχίδης "ἀλλὰ ὁ νόμος," ἔφη "ὦ ᾿Αγησίλαε, οὐ
τὸν τοῦ βασιλέως ἀδελφὸν κελεύει βασιλέα γενεσθαι ἀλλὰ
τὸν υἱόν· εἰ δὲ ὁ βασιλεὺς υἱὸν οὐχ ἔχων ἀπέθανεν, τότε δὴ ὁ
10   ἀδελφὸς ἐγένετο ἂν βασιλεύς."
ὁ δὲ ᾿Αγησίλαος ἀπεκρίνατο· "ἐμὲ οὖν χρὴ βασιλέα εἶναι."
"πῶς, ἐμοῦ γε ζῶντος;"
"διότι ὁ ἀνηρ ὃν πατερα καλεῖς οὐκ ἔφη σε εἶναι ἑαυτοῦ."
"ἀλλὰ ἡ μήτηρ, κάλλιον ἐκείνου εἰδυῖα, ἔτι καὶ νῦν φήσιν."
15   οἱ μέντοι πολῖται πάντα ἀκούσαντες τέλος τὸν ᾿Αγησίλαον
εἵλοντο βασιλέα.

Names

	᾿Αγις -ιδος, ὁ	Agis
	Δελφοί -ῶν, οἱ	Delphi *(oracle in central Greece)*
	Σπάρτη -ης, ἡ	Sparta
	Λεωτυχίδης -ου, ὁ	Leotychidas
6	᾿Αγησίλαος -ου, ὁ	Agesilaus

Vocabulary

	νοσέω *aor* ἐνόσησα	I am sick, I am ill
	ζάω	I live, I am alive
	αἱρέομαι *aor* εἱλόμην	I choose
	ἀντιλέγω	I argue
5	φάσκω	I claim
	ἀδελφός -οῦ, ὁ	brother
	κάλλιον	*(here)* better

75   *The murder of Alexander of Thessaly is organised by his wife.*

ὁ δὲ Ἀλέξανδρος, κακὸς ὢν ἀνήρ, ἔλαβε τὴν ἀρχήν. χαλεπὸς
μὲν τύραννος ἐγένετο τοῖς Θεσσαλοῖς, χαλεπὸς δὲ πολέμιος
τοῖς Θηβαίοις καὶ τοῖς Ἀθηναίοις. ἦν γὰρ λῃστὴς καὶ κατὰ
γῆν καὶ κατὰ θάλασσαν· ἐχθρὸς καὶ ἦν τῇ ἑαυτοῦ γυναικί.
5   τοιοῦτος ὢν αὐτὸς ἀπέθανεν, ἔργῳ μὲν τῶν τῆς γυναικὸς
ἀδελφῶν, βουλῇ δὲ τῆς γυναικὸς αὐτῆς. ἡ γὰρ γυνὴ ἤγγειλε
τοῖς ἀδελφοῖς ὅτι ὁ Ἀλέξανδρος κακὰ ποιήσειν μέλλει, καὶ
ἔκρυψεν αὐτοὺς ἐν τῇ οἰκίᾳ πᾶσαν τὴν ἡμέραν. καὶ μείνασα
ἕως ὁ ἀνὴρ ἐμέθυεν, τὰ ὅπλα αὐτοῦ ἀπήνεγκεν. ὡς δὲ εἶδε
10   τοὺς ἀδελφοὺς φοβουμένους προσβαλεῖν τῷ Ἀλεξάνδρῳ, τάδε
εἶπεν· "ἐὰν μὴ τὸ ἔργον ταχέως πράξητε, ἐγὼ ἐξεγερῶ
τὸν ἄνδρα." ἐπεὶ δὲ οἱ ἀδελφοὶ εἰσῆλθον, ἡ γυνὴ ἔκλῃζε τὴν
θύραν ἕως ἀπέθανεν ὁ Ἀλέξανδρος.

Names

Ἀλέξανδρος -ου, ὁ	Alexander
Θεσσαλοί -ῶν, ὁ	Thessalians, people of Thessaly
	(region of north-central Greece)
Θηβαῖοι -ων, οἱ	Thebans, people of Thebes *(city in central Greece)*

Vocabulary

	τύραννος -ου, ὁ	tyrant, ruler
	λῃστής -οῦ, ὁ	robber
	καί ... καί	both ... and
	ἀδελφός -οῦ, ὁ	brother
9	μεθύω	I am drunk
	ἐξεγείρω *fut* ἐξεγερῶ	I wake (someone) up
	κλῄζω	I close, I keep closed

76 *The Corcyreans, defeated on land and sea by the Corinthians, appeal for help to their Athenian allies.*

καὶ οἱ μὲν <u>Κερκυραῖοι</u>, ἐπεὶ ἤδη ἐν μάχῃ ὑπὸ τῶν πολεμίων
ἐνικήθησαν, οὐδένα σῖτον ἐκ τῆς γῆς ἐλάμβανον. οἱ δὲ
<u>Κορίνθιοι</u>, τῶν <u>Κερκυραίων</u> πρότερον ναυσὶ <u>κρατήσαντες</u>,
ἐκώλυον αὐτοὺς <u>ἐπιτήδεια</u> κατὰ θάλασσαν εἰσάγειν. οἱ οὖν
5   <u>Κερκυραῖοι</u>, ἐν πολλῇ <u>ἀπορίᾳ</u> ὄντες, ἀγγέλους ἔπεμψαν ἵνα
αἰτήσειαν τοὺς Ἀθηναίους βοηθεῖν. καὶ οἱ ἄγγελοι, εἰς τὴν
πόλιν ἀφικόμενοι, εἶπον τάδε· "ὦ πολῖται Ἀθηναῖοι, ἐὰν μὴ
βοηθῆτε ἡμῖν, οἱ <u>Κορίνθιοι</u> τὸ ἡμέτερον ναυτικὸν κτήσονται.
καὶ εὖ ἴστε τοῦτο τὸ ναυτικὸν ἰσχυρότατον ὂν τῶν Ἑλλήνων,
10   πλὴν τοῦ ὑμετέρου. ἆρα βούλεσθε τοὺς ὑμετέρους πολεμίους
τοσαύτας καὶ τοιαύτας ναῦς ἔχειν;" τούτων οὖν
ἀγγελθέντων, ἔδοξε τοῖς Ἀθηναίοις μεγάλην στρατιὰν τοῖς
συμμάχοις εὐθὺς ἐκπέμψαι.

Names

Κερκυραῖοι -ων, οἱ	Corcyreans, people of Corcyra *(island in north-western Greece, modern Corfu)*
Κορίνθιοι -ων, οἱ	Corinthians, people of Corinth *(city in central Greece)*

Vocabulary

κρατέω *aor* ἐκράτησα	I overcome *(+ gen)*
ἐπιτήδεια -ων, τά	supplies
ἀπορία -ας, ἡ	difficulty

77 **The Theban general Epaminondas wins a victory over the Spartans but is fatally wounded.**

ὁ Ἐπαμεινώνδας, ὁ τῶν Θηβαίων στρατηγός, ἐν μάχῃ διώκων
τοὺς Λακεδαιμονίους δόρατι ἐβλήθη· καὶ δεινῶς
ἐτραυματίσθη, τοῦ δόρατος κλασθέντος καὶ μέρους ἐν τῷ
σώματι μένοντος. ἤδη οὖν ἀσθενέστατος ὤν, ἑσπέρας ὑπὸ
5   τῶν φίλων εἰς τὸ στρατόπεδον εἰσηνέχθη. καὶ πάντες οἱ
στρατιῶται, ἰδόντες αὐτόν, μάλιστα ἐφοβοῦντο· ᾔσθοντο γάρ,
τοῦ δόρατος ἐκ τοῦ σώματος ἐξαιρεθέντος, τὸν
Ἐπαμεινώνδαν εὐθὺς ἀποθανούμενον. ὁ δέ, οὐδὲν αὐτὸς
φοβούμενος καὶ ὕδωρ παρὰ τῶν παρόντων αἰτῶν, ἐβούλετο
10   γνῶναι πότεροι ἐνίκησαν. καὶ πυθόμενος τοὺς Θηβαίους
νικήσαντας "ἡδέως" ἔφη "νῦν ἀποθανοῦμαι." καὶ ἐκέλευσε
τοὺς ἐκεῖ ἐξελεῖν τὸ δόρυ. οὕτως οὖν ὁ Ἐπαμεινώνδας, διὰ
τὴν νίκην τιμηθεὶς ὑπὸ πάντων τῶν συμμάχων ὡς
ἀνδρειότατος τῶν Ἑλλήνων, ὥσπερ ἔτι μαχόμενος ἀπέθανεν.

Names

Ἐπαμεινώνδας -ου, ὁ	Epaminondas
Θηβαῖοι -ων, οἱ	Thebans, people of Thebes *(city in central Greece)*

Vocabulary

	δόρυ -ατος, τό	spear
	τραυματίζω	
	aor pass ἐτραυματίσθην	I wound
	κλάω *aor pass* ἐκλάσθην	I break
3	μέρος -ους, τό	part
	στρατόπεδον -ου, τό	camp
	πάρειμι	I am present, I stand by
	πότερος -α -ον	which *(of two)*
	ἡδέως	gladly
14	ὥσπερ	as if

78 *Migrating Gauls put Byzantium and the Hellespont in danger.*

ἐπεὶ δὲ οἱ <u>Γάλλοι</u>, ὧν στρατηγὸς ὁ <u>Κομοντόριος</u> ἦν, εἰς τὴν
<u>Θράκην</u> εἰσέβαλον, πάντες οἱ ῞Ελληνες καὶ οἱ τῆς ᾿Ασίας ἐν
μεγίστῳ κινδύνῳ ἦσαν. οὗτοι γὰρ οἱ <u>Γάλλοι</u>, ἀπὸ τῆς ἐν
<u>Γαλλίᾳ</u> <u>πατρίδος</u> ἀπελθόντες, ἐπορεύθησαν διὰ τῆς <u>Εὐρώπης</u>.
5 νικηθέντες δὲ ἐν τῇ περὶ <u>Δελφοὺς</u> μάχῃ, εἰς τὸν
<u>Ἑλλήσποντον</u> ἀφίκοντο· οὐ μέντοι εἰς τὴν ᾿Ασίαν διέβησαν
ἀλλὰ ἐνθάδε ἔμειναν, φιλοῦντες τὴν περὶ <u>Βυζάντιον</u> χώραν.
πόλιν δὲ <u>ἔκτισαν</u> ἧς ὁ <u>Κομοντόριος</u> ἦρχεν. οἱ τοῦ <u>Βυζαντίου</u>
ἔνοικοι ἠναγκάσθησαν πολὺν <u>φόρον</u> τοῖς <u>Γάλλοις</u> <u>τελεῖν</u> ἵνα
10 οἱ ἀγροὶ μὴ βλαφθεῖεν. οἱ οὖν <u>Βυζάντιοι</u>, δι' ὀλίγου χρήματα
οὐκ ἔχοντες, ἀγγέλους ἔπεμψαν πρὸς τοὺς ῞Ελληνας ὡς
αἰτήσοντας αὐτοὺς βοηθεῖν. τῶν μέντοι ῾Ελλήνων οὐκ
ἐθελόντων, ἔδει αὐτοὺς <u>παραγωγιάζειν</u> τὰ <u>πλοῖα</u> τὰ εἰς τὸν
<u>Πόντον</u> πλέοντα. τέλος δὲ πόλεμος διὰ ταῦτα ἐγένετο.

Names

	Γάλλοι -ων, οἱ	Gauls
	Κομοντόριος -ου, ὁ	Comontorius
	Θράκη -ης, ἡ	Thrace *(area north of Greece)*
	᾿Ασία -ας, ἡ	Asia
5	Γαλλία -ας, ἡ	Gaul *(modern France)*
	Εὐρώπη -ης, ἡ	Europe
	Δελφοί -ῶν, οἱ	Delphi *(oracle in central Greece)*
	῾Ελλήσποντος -ου, ὁ	the Hellespont *(modern Dardanelles, channel separating Europe and Asia)*
7	Βυζάντιον ου, ὁ	Byzantium *(modern Istanbul)*
	Βυζάντιοι -ων, οἱ	Byzantians, people of Byzantium
	Πόντος -ου, ὁ	the Black Sea

Vocabulary

	πατρίς -ίδος, ἡ	native land
	κτίζω *aor* ἔκτισα	I found, I establish
	φόρος -ου, ὁ	tribute, tax
	τελέω	I pay
13	παραγωγιάζω	I impose tolls on
	πλοῖον -ου, τό	boat

79 *When the Romans have been defeated by Pyrrhus and the senators*
are considering peace proposals, the blind statesman Appius
Claudius goes to the senate-house to protest against surrender.

ὁ δὲ <u>Πύρρος</u>, μέλλων προσβαλεῖν τοῖς ῾Ρωμαίοις, ἔπλευσεν ἐκ
τῆς ῾Ελλάδος πρὸς τὴν ᾿Ιταλίαν, ἔχων πόλλας ναῦς καὶ
μεγίστην στρατιάν. καὶ ἐπεὶ οἱ ῾Ρωμαῖοι ὑπὸ τοῦ <u>Πύρρου</u> ἐν
μεγάλῃ μάχῃ ἐνικήθησαν, πολὺς φόβος ἐν τῇ ῾Ρώμῃ ἦν. τότε
5 δὲ ῎Αππιος <u>Κλαύδιος</u>, πυθόμενος τοὺς <u>βουλευτὰς</u> λόγους περὶ
εἰρήνης <u>ἐνδεχομένους</u>, καίπερ <u>τυφλὸς</u> ὢν καὶ ἤδη <u>γεραιός</u>,
διὰ τῆς ἀγορᾶς ἔβη πρὸς τὸ <u>βουλευτήριον</u>. εἰσελθὼν δὲ καὶ <u>ἐν</u>
<u>μέσῳ ἑστηκώς</u>, ἔφη πρότερον μὲν <u>ἄθλιος</u> γενέσθαι διότι
<u>τυφλός</u> ἐστίν· νῦν δὲ βούλεσθαι καὶ <u>κωφὸς</u> εἶναι, ἵνα μὴ
10 ἀκούῃ αὐτῶν οὕτως αἰσχρὰ λεγόντων. καὶ διὰ ταῦτα ἔπεισε
τοὺς <u>βουλευτὰς</u> εὐθὺς ἐν ὅπλοις εἶναι καὶ ὑπὲρ τῆς ᾿Ιταλίας
πρὸς <u>Πύρρον</u> ὡς ἀνδρειότατα μάχεσθαι.

Names

Πύρρος -ου, ὁ	Pyrrhus *(king of Epirus in north-west Greece 307-272 BC)*
῾Ρωμαῖοι -ων, οἱ	Romans
῾Ελλάς -άδος, ἡ	Greece
2 ᾿Ιταλία -ας, ἡ	Italy
῾Ρώμη -ης, ἡ	Rome
῎Αππιος -ου Κλαύδιος -ου, ὁ	Appius Claudius

Vocabulary

βουλευτής -οῦ, ὁ	senator
ἐνδέχομαι	I consider
τυφλός -ή -όν	blind
γεραιός -ά -όν	old
7 βουλευτήριον -ου, τό	senate-house
ἐν μέσῳ	in the middle
ἑστηκώς -υῖα -ός	standing
ἄθλιος -ον	despondent, miserable
κωφός -ή -όν	deaf

80   *After he and Cleopatra have been defeated at Actium, Mark Antony*
        is tricked into committing suicide.

ἐν δὲ τῇ <u>ναυμαχίᾳ</u> τῇ περὶ τὸ Ἄκτιον ἡ <u>Κλεοπάτρα</u>, μαθοῦσα
τοὺς περὶ ἑαυτὴν νικωμένους, ἔφυγε μετὰ νεῶν <u>πεντήκοντα</u>
πρὸς τὴν Αἴγυπτον. ὁ δὲ Ἀντώνιος, τούτου γενομένου, οὔτε
αὐτὸς ἔτι νικήσειν ἤλπιζεν οὔτε ἤθελε λείπεσθαι ἐκείνης
5   φυγούσης. ὥστε φυγὼν καὶ αὐτὸς πρὸς τὴν Αἴγυπτον ἐδίωξε
τὴν <u>βασίλειαν</u>.

ἀφικόμενος δὲ πάντα ἐπύθετο κακίονα ὄντα ἢ πρότερον
ἐνόμιζεν. οἱ γὰρ φίλοι καὶ οἱ σύμμαχοι, διότι ἐφοβοῦντο τὸν
Ὀκταουιανόν, <u>οὐκέτι</u> ἤθελον βοηθεῖν τῷ Ἀντωνίῳ. τότε δὴ
10   εἰσῆλθεν ἄγγελος λέγων ὅτι ἡ <u>Κλεοπάτρα</u> <u>φαρμάκῳ</u> ἀπέθανε
καὶ ὁ <u>Ὀκταουιανὸς</u> μέλλει δι' ὀλίγου προσβαλεῖν τῷ
Ἀντωνίῳ. τῷ οὖν ἀγγέλῳ πιστεύων καὶ <u>οὐκέτι</u> εἰδὼς πῶς
σωθήσεται, ὁ Ἀντώνιος θανάτῳ <u>ἑκουσίῳ</u> ἀπέθανεν.

Names

	Ἄκτιον -ου, τό	Actium *(promontory in north-west Greece)*
	Κλεοπάτρα -ας, ἡ	Cleopatra *(queen of Egypt)*
	Αἴγυπτος -ου, ἡ	Egypt
3	Ἀντώνιος -ου, ὁ	Mark Antony *(Roman general)*
	Ὀκταουιανός -οῦ, ὁ	Octavian *(later the emperor Augustus)*

Vocabulary

	ναυμαχία -ας, ἡ	sea-battle
	πεντήκοντα	fifty
	βασίλεια -ας, ἡ	queen
	οὐκέτι	no longer
10	φάρμακον -ου, τό	poison
	ἑκούσιος -α -ον	voluntary, self-inflicted

Section 4

81 *Cyrus explains to Cyaxares his plan to trap the king of Armenia by pretending to organize a hunt, to enable his forces to get to the border.*

"ἄκουε νῦν" ἔφη ὁ <u>Κῦρος</u> "τὴν ἐμὴν βουλήν. ἐγὼ γὰρ καὶ
πάντες οἱ μετὰ ἐμοῦ ἱππεῖς πολλάκις <u>θηρεύομεν</u> περὶ τὰ <u>ὅρια</u>
τῆς σῆς χώρας καὶ τῆς τῶν Ἀρμενίων." "ἐὰν μὲν τοιαῦτα
αὖθις ποιήσῃς" ἔφη ὁ <u>Κυαξάρης</u> "οὐδεὶς <u>ὑποπτεύσει</u>. ἐὰν δὲ
5 ἱππέας ἀγάγῃς πολλῷ πλείονας ἢ πρότερον, πάντες οἱ
τούτους ὁρῶντες δικαίως <u>ὑποπτεύσουσιν</u>." ὁ δὲ <u>Κῦρος</u> τάδε
ἀπεκρίνατο· "ἀλλὰ ἔξεστί μοι <u>πρόφασιν</u> παρασκευάζειν, ἵνα
μηδεὶς <u>ὑποπτεύῃ</u>. ἀγγελῶ γὰρ ὅτι βούλομαι μεγάλην <u>θήραν</u>
ποιῆσαι. καὶ <u>φανερῶς</u> αἰτήσω σε ἱππέας παρέχειν."

10 "κάλλιστα λέγεις·" ἔφη ὁ <u>Κυαξάρης</u> "ἐγὼ δὲ καὶ <u>φανερῶς</u> ἐρῶ
ὅτι οὐκ ἐθέλω τούτους δοῦναί σοι πλὴν ὀλίγων, ὡς
βουλόμενος πρὸς τὰ <u>φρούρια</u> ἐλθεῖν τὰ κατὰ τὰ τῆς
Ἀσσυρίας <u>ὅρια</u>. καὶ δὴ ἀληθῶς βούλομαι ἐλθὼν ταῦτα τὰ
<u>φρούρια</u> ὡς ἰσχυρότατα ποιεῖν. δεῖ οὖν σε καὶ τοὺς σοὺς
15 ἱππέας περὶ τὰ τῶν Ἀρμενίων <u>ὅρια</u> δύο ἢ τρεῖς ἡμέρας
<u>θηρεύειν</u>· ἔπειτα δὲ ἐγὼ πλείονας ἱππέας καὶ στρατιώτας
πέμψω ἐκ τῶν μετὰ ἐμοῦ. καὶ σὺ τούτους λαβὼν οἷός τ' ἔσῃ
εἰς τὴν χώραν αὐτῶν εἰσβαλεῖν, ὡς τὸν βασιλέα ληψόμενος.
καὶ ἐγὼ αὐτός, στρατιὰν ἔχων, <u>ἐγγὺς</u> μενῶ ἵνα βοηθῶ σοι."
20 ὁ οὖν <u>Κῦρος</u>, ἐπεὶ πάντα παρεσκευάσθη, τοῖς θεοῖς ἔθυσεν.
ἔπειτα δὲ ἐξήγαγε τοὺς ἱππέας <u>ὥσπερ</u> εἰς <u>θήραν</u>, οὐδενὸς
<u>ὑποπτεύοντος</u>. καὶ διὰ ταύτην τὴν τοῦ <u>Κύρου</u> βουλὴν ὁ τῶν
Ἀρμενίων βασιλεὺς τέλος ἐλήφθη.

Names

Κῦρος -ου, ὁ	Cyrus *(the Great, king of Persia 559-530 BC; ancestor of the Cyrus in Passages 96-8)*
Ἀρμένιοι -ων, οἱ	Armenians *(people to the north of the Persian Empire)*

3

| Κυαξάρης -ου, ὁ | Cyaxares *(uncle of Cyrus)* |
| Ἀσσυρία -ας, ἡ | Assyria *(territory south-east of Armenia)* |

Vocabulary

	θηρεύω	I hunt
	ὅρια -ων, τά	borders
	ὑποπτεύω	I am suspicious
	πρόφασις -εως, ἡ	pretext, excuse
8	θήρα -ας, ἡ	hunt
	φανερῶς	openly
	φρούριον -ου, τό	watchpost, fortress
	ἐγγύς	nearby
	ὥσπερ	as if

1 ἄκουε ... Ἀρμενίων (lines 1-3): explain in detail what Cyrus says he often does. [5]

2 ἐὰν μὲν ... ὑποπτεύσει (lines 3-4): how does Cyaxares initially react? [3]

3 ἐὰν δὲ ... ὑποπτεύσουσιν (lines 4-6): what caution does Cyaxares express? [4]

4 ὁ δὲ Κῦρος ... ὑποπτεύῃ (lines 6-8): what does Cyrus say in reply? [3]

5 ἀγγελῶ ... παρέχειν (lines 8-9): describe in detail what Cyrus plans to do. [5]

6 Translate the rest of the story (lines 10-23) into good English. [40]

[Total 60]

82 *The Persian king Cambyses, after conquering the Egyptians, cruelly*
tests the character of their young king Psammenitus.

ὁ δὲ <u>Καμβύσης</u>, βασιλεὺς ὢν τῶν <u>Περσῶν</u>, μάχῃ ἐνίκησε τοὺς
<u>Αἰγυπτίους</u>. καὶ ὁ βασιλεὺς αὐτῶν, <u>Ψαμμήνιτος</u> ὀνόματι, ὑπὸ
τοῦ <u>Καμβύσου</u> ἐλήφθη· οὗτος δὲ ἔτι νέος ἦν, βασιλεὺς <u>ἄρτι</u>
γενόμενος. ὁ οὖν <u>Καμβύσης</u>, διότι ἐβούλετο πύθεσθαι ποῖος
5   εἴη ὁ νεανίας, ἠνάγκασεν αὐτὸν μετὰ ἄλλων <u>εὐγενῶν</u>
<u>Αἰγυπτίων</u> πρὸ τῶν τῆς πόλεως πυλῶν καθίζειν καὶ ἔργα
αἴσχιστα <u>θεᾶσθαι</u>. πρῶτον μὲν γὰρ ἡ τοῦ <u>Ψαμμηνίτου</u>
θυγάτηρ καὶ αἱ τῶν <u>εὐγενῶν</u> θυγατέρες, <u>ἐσθῆτα</u> δούλων
ἔχουσαι, ἐκ τῆς πόλεως ἐξεπέμφθησαν ἵνα ὕδωρ ἐνέγκειαν·
10 καὶ πᾶσαι αἱ παῖδες ἐδάκρυον.

οἱ μὲν οὖν ἄλλοι πατέρες, ταῦτα ἰδόντες, ἐδάκρυσαν καὶ
αὐτοί· ὁ δὲ <u>Ψαμμήνιτος</u>, οὐδὲν εἴπων, σιγῇ <u>ἔκυψεν</u> εἰς τὴν
γῆν. ἔπειτα δὲ ὁ υἱὸς αὐτοῦ ἐφαίνετο <u>δέσμιος</u>, καὶ οἱ τῶν
<u>εὐγενῶν</u> παῖδες τὸ αὐτὸ πάσχοντες· καὶ πάντες πρὸς
15 θάνατον ἤγοντο. οἱ μὲν οὖν ἄλλοι πατέρες, ταῦτα μαθόντες,
ἔτι μᾶλλον ἐδάκρυσαν καὶ ἐβόησαν· ὁ δὲ <u>Ψαμμήνιτος</u> αὖθις
σιγῇ ἔμενεν. μετὰ δὲ ταῦτα γέρων τις, <u>πτωχὸς</u> ὢν καὶ ἤδη
ἀσθενέστατος, πρὸς αὐτὸν προσέβη· καὶ ὁ <u>Ψαμμήνιτος</u> εὐθὺς
δακρύσας τὸν ἄνδρα ὀνόματι ἐκάλεσεν. οἱ μὲν οὖν φύλακες,
20 οἳ ἐκελεύσθησαν τῷ <u>Καμβύσῃ</u> περὶ τῶν γενομένων ἀγγέλλειν,
ἠρώτησαν αὐτὸν διὰ τί δακρύει μὲν περὶ τούτου, περὶ δὲ τῶν
ἑαυτοῦ παίδων σιγῇ μένει. ὁ δὲ <u>Ψαμμήνιτος</u> ἀπεκρίνατο ὅτι
ἡ μὲν ἑαυτοῦ <u>λύπη</u> τοσαύτη ἐστὶν ὥστε οὐδὲν λέγειν οἷός τ᾽
ἐστι· δακρύει δὲ φίλον ἰδών, ὃς πρότερον πλούσιος ἦν, νῦν
25 <u>πτωχὸν</u> γενόμενον.

Names

Καμβύσης -ου, ὁ		Cambyses *(king of Persia 530-522 BC)*
Πέρσαι -ῶν, οἱ		Persians
Αἰγύπτιοι -ων, οἱ		Egyptians
2	Ψαμμήνιτος -ου, ὁ	Psammenitus

Vocabulary

	ἄρτι	recently
	εὐγενής -ές	noble
	θεάομαι	I watch
	ἐσθής -ῆτος, ἡ	clothing
12	κύπτω *aor* ἔκυψα	I bow my head
	δέσμιος -ον	in chains
	πτωχός -οῦ, ὁ	beggar
	λύπη -ης, ἡ	grief

1   ὁ δὲ Καμβύσης ... Αἰγυπτίους (lines 1-2): what do we learn about Cambyses here? [3]

2   καὶ ὁ βασιλεὺς ... γενόμενος (lines 2-4): what are we told about Psammenitus here? [4]

3   ὁ οὖν Καμβύσης ... θεᾶσθαι (lines 4-7): explain in detail what Cambyses did, and why. [6]

4   πρῶτον ... ἐνέγκειαν (lines 7-9): describe the spectacle Psammenitus and the Egyptian nobles were forced to witness. [6]

5   καὶ πᾶσαι ... ἐδάκρυον (line 10): what were all the girls doing? [1]

6   Translate the rest of the story (lines 11-25) into good English. [40]

[Total 60]

83 *Prexaspes and his son suffer at the hands of the mad Persian king Cambyses.*

ὁ δὲ <u>Καμβύσης</u> κάκιστος ἐγένετο πάντων βασιλέων. καὶ
πολλοὶ δὴ ἐνόμιζον αὐτὸν <u>μαίνεσθαι</u>. πολλάκις γὰρ ἠδίκησε
καὶ τοὺς φίλους. ἦν δὲ <u>Πέρσης</u> τις, <u>Πρηξάσπης</u> ὀνόματι, ὃν
βασιλεὺς μάλιστα ἐτίμα. οὗτος δὲ ἐπιστολὰς ὑπὲρ βασιλέως
5 ἀεὶ ἔπεμπε καὶ ἐδέχετο. ἦν δὲ αὐτῷ υἱός, βασιλέως
<u>οἰνοχόος</u> ὤν· καὶ οὗτος ὁ παῖς μάλιστα ἐτιμᾶτο. ὁ δὲ
<u>Καμβύσης</u> <u>ποτὲ</u> τὸν <u>Πρηξάσπη</u> ἤρετο· "ποῖον ἄνδρα οἱ
<u>Πέρσαι</u> νομίζουσί με εἶναι, καὶ τίνας λόγους περὶ ἐμοῦ
λέγουσιν; εἰπέ μοι, καὶ μὴ φοβοῦ." ὁ μέντοι <u>Πρήξασπης</u>
10 πολὺν χρόνον σιγῇ ἔμενεν.

τέλος δὲ, βασιλέως κελεύοντος, "τὰ μὲν ἄλλα" ἔφη "περί σου
λεγόμενα καλά ἐστι, οἶνον δὲ φασί σε <u>ἄγαν</u> φιλεῖν." ὁ δὲ
<u>Καμβύσης</u>, ταῦτα ἀκούσας, εἶπεν αὐτῷ "δεῖ οὖν μαθεῖν
<u>πότερον</u> οἱ <u>Πέρσαι</u> τὰ ἀληθῆ λέγουσιν ἢ οὔ. ἆρα ὁρᾷς τὸν σὸν
15 παῖδα πρὸ τῆς θύρας μένοντα; ἐγὼ αὐτὸν <u>τοξεύσω</u>. καὶ ἐὰν
μὲν τὴν <u>καρδίαν</u> αὐτοῦ βάλω, γνωσόμεθα τοὺς <u>Πέρσας</u> οὐδὲν
ἀληθὲς λέγοντας· ἐὰν δε <u>ἁμαρτάνω</u>, ἐροῦσι δικαίως ὅτι διὰ
τὸν οἶνον <u>μαίνομαι</u>." ἔπειτα δὲ <u>τοξεύσας</u> ἔβαλε τὸν παῖδα, ὃς
εὐθὺς πρὸς τὴν γὴν ἔπεσεν. καὶ βασιλεὺς ἐκέλευσε δοῦλόν
20 τινα τὸ σῶμα <u>διακόπτειν</u>. τοῦ δὲ <u>τοξεύματος</u> ἐν τῇ <u>καρδίᾳ</u>
εὑρεθέντος, ὁ <u>Καμβύσης</u> "νῦν, ὦ φίλε," γελάσας ἔφη "τὸ
ἀληθὲς οἶσθα, καὶ οἱ <u>Πέρσαι</u> αὐτοὶ <u>μαίνονται</u>. τίς γὰρ ἄλλος
οὕτω καλῶς <u>τοξεύει</u>;" καὶ ὁ <u>Πρηξάσπης</u>, περὶ τοῦ ἑαυτοῦ βίου
μάλιστα φοβούμενος, εἶπεν ὅτι θεὸς μόνος οἷός τ' ἐστι
25 τοῦτο ποιεῖν.

Names

Καμβύσης -ου, ὁ	Cambyses *(king of Persia 530-522 BC)*
Πέρσης -ου, ὁ	Persian, Persian man
Πρηξάσπης -ους, ὁ	Prexaspes

Vocabulary

	μαίνομαι	I am mad
	οἰνοχόος -ου, ὁ	wine-pourer
	ποτέ	once
	ἄγαν	too much, excessively
14	πότερον ... ἤ	whether ... or
	τοξεύω aor ἐτόξευσα	I shoot *(with bow and arrows)*
	καρδία -ας, ἡ	heart
	ἁμαρτάνω	I miss (a target)
	διακόπτω	I cut open
20	τόξευμα -ατος, τό	arrow

1 ὁ δὲ Καμβύσης ... φίλους (lines 1-3): what do we learn about Cambyses here? [6]

2 ἦν δὲ Πέρσης ... ἐδέχετο (lines 3-5): what are we told about Prexaspes here? [4]

3 ἦν δὲ αὐτῷ ... ἐτιμᾶτο (lines 5-6): give two facts about Prexaspes' son. [2]

4 ὁ δὲ Καμβύσης ... μὴ φοβοῦ (lines 6-9):
(a) what did Cambyses ask Prexaspes? [5]
(b) in what way did he say he should reply? [1]

5 ὁ μέντοι ... ἔμενεν (lines 9-10): how did Prexaspes in fact react? [2]

6 Translate the rest of the story (lines 11-25) into good English. [40]

[Total 60]

84 *The Greek doctor Democedes, detained in Persia by Darius, cures the queen and with her help contrives to return to his home in Italy.*

ὁ δὲ <u>Δαρεῖος</u> βασιλεὺς ἦν τῶν <u>Περσῶν</u>. καὶ ἡ γυνὴ αὐτοῦ,
<u>Ἄτοσσα</u> ὀνόματι, νόσον δεινὴν εἶχεν. ἦν δὲ τότε ἐν τῇ
<u>Περσικῇ</u> ὁ <u>Δημοκήδης</u>, ἰατρὸς <u>Ἑλληνικός</u>. ὁ οὖν <u>Δαρεῖος</u>,
εἰδὼς αὐτὸν σοφώτατον ὄντα, ἠνάγκασε τὸν <u>Δημοκήδη</u> ἐκεῖ
5 μένειν. ὁ δὲ ἰατρός, πρὸς τὴν ᾽<u>Ιταλίαν</u> ἐπανελθεῖν
βουλόμενος, τῇ ᾽<u>Ατόσσῃ</u> εἶπεν "ἐὰν ἐθέλῃς βοηθεῖν μοι, ἐγώ
σε θεραπεύσω." ὕστερον οὖν ἡ γυνή, ὑπὸ τοῦ <u>Δημοκήδους</u>
πεισθεῖσα, τῷ <u>Δαρείῳ</u> "δεῖ σε" ἔφη "βασιλέα γενόμενον,
μεγάλα ἔργα πράσσειν, ἵνα οἱ <u>Πέρσαι</u> θαυμάζωσί σε. δεῖ σε
10 τὴν ἀρχὴν μείζονα ποιεῖν. αἱ δὲ <u>Ἑλληνικαὶ</u> πόλεις ἐν τῇ
<u>Ἑλλάδι</u> καὶ ἐν τῇ ᾽<u>Ιταλίᾳ</u> πλούσιαι εἰσιν. δεῖ σε στρατιὰν
πέμψαι, καὶ τὸν <u>Δημοκήδη</u> ὡς ἡγεμόνα."

ἔδοξεν οὖν βασιλεῖ στρατιὰν πέμψαι. τοὺς δὲ στρατηγοὺς
καλέσας, ἐκέλευσεν αὐτοὺς τὸν <u>Δημοκήδη</u> ἐν τῇ ὁδῷ
15 φυλάσσειν, ἵνα μὴ φύγοι. ἔπειτα δὲ οὗτοι οἱ <u>Πέρσαι</u> πρὸς
τὰς <u>Ἑλληνικὰς</u> πόλεις ἔπλευσαν. πολλὰ δὲ περὶ τῶν
Ἑλλήνων μαθόντες, πολλὰ χρήματα καὶ πολλοὺς δούλους
ἐκτήσαντο. τέλος δὲ πρὸς τὴν <u>Τάραντα</u> ἀφίκοντο. ὁ δὲ
ἐνθάδε ἄρχων, βουλόμενος τῷ <u>Δημοκήδει</u> βοηθεῖν, ἐκέλευσε
20 τοὺς πολίτας βλάψαι τὰς τῶν <u>Περσῶν</u> ναῦς, καὶ λαβεῖν τινας
αὐτῶν ὡς αἰχμαλώτους. τούτων δὲ ποιουμένων, ὁ <u>Δημοκήδης</u>
αὐτὸς ἔφυγεν, καὶ πρὸς τὴν οἰκίαν ἐν τῇ <u>Κρότωνι</u> ἀσφαλῶς
<u>ἐπανῆλθεν</u>. ἔπειτα δὲ οἱ <u>Πέρσαι</u> οἱ ἐν τῇ <u>Τάραντι</u> ἐλύθησαν.
εἰ δὲ οἱ ἐκεῖ ἔνοικοι μὴ ἔλαβον αὐτοὺς καὶ τὰς ναῦς ἔβλαψαν,
25 ὁ <u>Δημοκήδης</u> οὐδέποτε ἂν ἐξέφυγεν.

Names

	Δαρεῖος -ου, ὁ	Darius *(king of Persia 521-486 BC)*
	Πέρσαι -ῶν, οἱ	Persians
	Ἄτοσσα -ης, ἡ	Atossa
	Περσική -ῆς, ἡ	Persia
3	Δημοκήδης -ους, ὁ	Democedes
	Ἑλληνικός -ή -όν	Greek
	᾽Ιταλία -ας, ἡ	Italy

	῾Ελλάς -άδος, ἡ	Greece
	Τάρας -αντος, ἡ	Taras *(Greek port in southern Italy)*
22	Κρότων -ωνος, ἡ	Croton *(Greek port in southern Italy)*

Vocabulary

ἐπανέρχομαι *aor* ἐπανῆλθον	I return
θεραπεύω	I heal, I cure

1   ὁ δὲ Δαρεῖος ... ῾Ελληνικός (lines 1-3): what do we learn here about:

(a) Darius? [1]

(b) Atossa? [2]

(c) Democedes? [2]

2   ὁ οὖν Δαρεῖος ... μένειν (lines 3-5): how did Darius treat Democedes, and why? [4]

3   ὁ δὲ ἰατρός ... θεραπεύσω (lines 5-7):

(a) what did Democedes want to do? [1]

(b) what did he say to Atossa? [2]

4   ὕστερον ... θαυμάζωσί σε (lines 7-9): what did Atossa (on Democedes' prompting) later say to Darius? [3]

5   δεῖ σε ... ἡγεμόνα (lines 9-12): explain in detail what Atossa said Darius should do. [5]

6   Translate the rest of the story (lines 13-25) into good English. [40]

[Total 60]

85 *When the Spartan king Aristodemus dies soon after his wife has given birth to twin sons, the city authorities have to determine which of them is the elder.*

οἱ δὲ Λακεδαιμόνιοι λέγουσιν ὅτι ὁ Ἀριστόδημος βασιλεὺς ὢν ἤγαγεν αὐτοὺς πρὸς τὴν χώραν ἣν νῦν οἰκοῦσιν. καὶ μετὰ ταῦτα ἡ γυνὴ αὐτοῦ υἱοὺς διδύμους ἔτεκεν. ὁ μέντοι Ἀριστόδημος αὐτός, τοὺς παῖδας ἰδών, δι' ὀλίγου ἀπέθανεν.
5 ἔδοξε μὲν οὖν τοῖς Λακεδαιμονίοις τὸν πρεσβύτερον κατὰ τὸν νόμον βασιλέα ποιεῖν· οὐ δὲ οἷοί τ' ἦσαν γιγνώσκειν τίς τῶν παίδων πρεσβύτερος εἴη. ἐπεὶ δὲ τὴν μητέρα τοῦτο ἠρώτησαν, ἡ γυνή (καίπερ εὖ εἰδυῖα) οὐκ ἔφη γνῶναι αὐτή· ἐβούλετο γὰρ ἀμφοτέρους βασιλέας γενέσθαι. διὰ δὲ ταῦτα
10 οἱ Λακεδαιμόνιοι ἀγγέλους πρὸς τοὺς Δελφοὺς ἔπεμψαν.

ἡ δὲ Πυθία ἐκέλευσε τοὺς Λακεδαιμονίους ἀμφοτέροις μὲν ὡς βασιλεῦσι χρῆσθαι, τὸν δὲ πρεσβύτερον μᾶλλον τιμᾶν. τοῦτο μέντοι οὐ χρήσιμον ἦν, ἐπεὶ οὐκ ἔγνωσαν τίνα τῶν παίδων ἡ μήτηρ ἔτεκε πρῶτον. ἔπειτα δὲ ξένος τις τοῖς τῶν
15 Λακεδαιμονίων ἄρχουσιν εἶπεν· "δεῖ ὑμᾶς θεᾶσθαι τὴν μητέρα λούουσαν καὶ τρέφουσαν τοὺς παῖδας. ἐὰν μὲν γὰρ ἀεὶ λούσῃ καὶ θρέψῃ ἕνα παῖδα πρὸ τοῦ ἄλλου, γνώσεσθε τοῦτον πρεσβύτερον ὄντα. ἐὰν δε μὴ τοῦτο ποιῇ, γνώσεσθε τὴν μητέρα αὐτὴν οὐκ εἰδυῖαν." οἱ οὖν ἄρχοντες, ταύτην τὴν
20 βουλὴν φιλοῦντες, τὴν γυναῖκα λάθρᾳ ἐθεῶντο. καὶ δὴ ἡ μήτηρ ἀεὶ ἤρξατο τὸν αὐτὸν παῖδα λούουσα καὶ τρέφουσα. ἔπειτα δὲ οἱ Λακεδαιμόνιοι τοῦτον λαβόντες βασιλέα ἐποίησαν· καὶ δὴ πρεσβυτέρος ἦν. καὶ λέγουσιν ὅτι οἱ ἀδελφοὶ ἄνδρες γενόμενοι ἀεὶ διεφέροντο.

Names

Ἀριστόδημος -ου, ὁ	Aristodemus
Δελφοί -ῶν, οἱ	Delphi *(oracle in central Greece)*
Πυθία -ας, ἡ	the Pythia *(priestess of Apollo at Delphi)*

Vocabulary

	δίδυμος -η -ον	twin
	τίκτω *aor* ἔτεκον	I give birth to
	πρεσβύτερος -α -ον	elder
	ἀμφότεροι -αι -α	both
12	χράομαι	*(here)* I treat *(+ dat)*
	χρήσιμος -η -ον	useful
	θεάομαι	I watch
	λούω	I wash
	τρέφω *aor* ἔθρεψα	I feed
24	ἀδελφός -οῦ, ὁ	brother
	διαφέρομαι	I quarrel

1 οἱ δὲ Λακεδαιμόνιοι ... οἰκοῦσιν (lines 1-2): what do the Spartans say about Aristodemus? [4]

2 καὶ μετὰ ... ἀπέθανεν (lines 2-4): what do we learn here about Aristodemus and his family? [4]

3 ἔδοξεν ... εἴη (lines 5-7):
(a) what did the Spartans decide to do? [2]
(b) why was this difficult? [2]

4 ἐπεὶ δὲ ... γενέσθαι (lines 7-9): how did the mother respond when asked, and why? [5]

5 διὰ δὲ ταῦτα ... ἔπεμψαν (lines 9-10): what did the Spartans do in this situation? [3]

6 Translate the rest of the story (lines 11-24) into good English. [40]

[Total 60]

86   *The Spartans conquer their enemies the Tegeans after receiving a mysterious oracle about the bones of the hero Orestes.*

οἱ δὲ Λακεδαιμόνιοι, ἐπεὶ ἀεὶ ἐν μάχῃ ὑπὸ τῶν <u>Τεγεατῶν</u>
ἐνικῶντο, ἀγγέλους πρὸς τοὺς <u>Δελφοὺς</u> ἔπεμψαν· ἐβούλοντο
γὰρ πύθεσθαι πῶς οἷοί τ' ἔσονται νικῆσαι αὐτοί. ἡ δὲ <u>Πυθία</u>
"δεῖ ὑμᾶς" ἔφη "τὰ τοῦ <u>Ὀρέστου</u> <u>ὀστέα</u> πρὸς τὴν
5   <u>Λακεδαίμονα</u> <u>ἐπάγειν</u>." οἱ δὲ Λακεδαιμόνιοι, καίπερ εἰδότες
τὸν <u>Ὀρέστην</u> υἱὸν τοῦ <u>Ἀγαμέμνονος</u> <u>πάλαι</u> γενόμενον, οὐκ
ἔγνωσαν ποῦ τὰ <u>ὀστέα</u> εἴη. τὸν οὖν θεὸν αὖθις ἠρώτησαν.
καὶ ἡ <u>Πυθία</u> νῦν ἐν <u>αἰνίγματι</u> ἀπεκρίνατο· "ἐν τῇ τῶν
<u>Τεγεατῶν</u> χώρᾳ, δύο ἄνεμοι <u>πνέουσι</u> καὶ πολλοὶ <u>τύποι</u>
10   ἀκούονται· ἐκεῖ τὸν <u>Ὀρέστην</u> <u>πάλαι</u> ἔθαψαν." ταῦτα δὲ
μαθόντες οἱ Λακεδαιμόνιοι ἔτι ἐν <u>ἀπορίᾳ</u> ἦσαν.

ὕστερον δὲ ἀνήρ τις τῶν Λακεδαιμονίων, <u>Λίχας</u> ὀνόματι, διὰ
τῆς τῶν <u>Τεγεατῶν</u> χώρας τύχῃ ἐπορεύετο. καὶ εἰς <u>χαλκεῖον</u>
ἀφικόμενος ἐθαύμασε τὸ ἐκεῖ ἔργον. ὁ δὲ <u>χαλκεὺς</u> "εἰ εἶδες,
15   ὦ ξένε," ἔφη "τὰ ὑπὸ ἐμοῦ ὀφθέντα, ἔτι μᾶλλον ἐθαύμασας
ἄν. ἐγὼ γὰρ ἐν τῷ ἀγρῷ ἐνθάδε <u>ὀρύσσων</u> <u>ὀστέα</u> ηὗρον
ἀνθρώπου πολλῷ μείζονος τῶν νῦν· καὶ αὖθις ἔθαψα." ὁ οὖν
<u>Λίχας</u>, σοφώτατος ὤν, ᾔσθετο τὰς τοῦ <u>χαλκέως</u> <u>φύσας</u>
ἀνέμους οὔσας, καὶ τὴν <u>σφῦραν</u> αὐτοῦ <u>τύπους</u> ποιοῦσαν.
20   ταῦτα δὲ μαθὼν πρὸς τὴν <u>Λακεδαίμονα</u> ἀπῆλθεν. ὕστερον δέ,
<u>προσποιούμενος</u> ὑπὸ τῶν πολιτῶν ἐκβληθῆναι, πρὸς τὸ
<u>χαλκεῖον</u> αὖθις ἀφίκετο. ὁ δὲ <u>χαλκεὺς</u> <u>οἰκτείρων</u> αὐτὸν
<u>ἐμίσθωσε</u> τὸν ἀγρόν. ὁ οὖν <u>Λίχας</u> τὰ <u>ὀστέα</u> εὑρὼν καὶ
συλλέξας πρὸς τὴν <u>Λακεδαίμονα</u> <u>ἐπήγαγεν</u>. μετὰ δὲ ταῦτα
25   οἱ Λακεδαιμόνιοι τέλος ἐνίκησαν τοὺς <u>Τεγεάτας</u>.

Names

	Τεγεᾶται -ῶν, οἱ	Tegeans, people of Tegea *(city in southern Greece)*
	Δελφοί -ῶν, οἱ	Delphi *(oracle in central Greece)*
	Πυθία -ας, ἡ	the Pythia *(priestess at Delphi)*
4	Ὀρέστης -ου, ὁ	Orestes
	Λακεδαίμων -ονος, ἡ	Sparta

| Ἀγαμέμνων -ονος, ὁ | Agamemnon |
| Λίχας -ου, ὁ | Lichas |

Vocabulary

	ὀστέον -ου, τό	bone
	ἐπάγω *aor* ἐπήγαγον	I bring back
	πάλαι	long ago
	αἴνιγμα -ατος, τό	riddle
9	πνέω	*(here)* I blow
	τύπος -ου, ὁ	banging noise
	ἀπορία -ας, ἡ	perplexity
	χαλκεῖον -ου, τό	forge, smithy
	χαλκεύς -έως, ὁ	blacksmith
16	ὀρύσσω	I dig
	φῦσαι -ῶν, αἱ	bellows
	σφῦρα -ας, ἡ	hammer
	προσποιέομαι	I pretend
	οἰκτείρω	I pity
23	μισθόω *aor* ἐμίσθωσα	I hire out

1 οἱ δὲ Λακεδαιμόνιοι ... αὐτοί (lines 1-3): explain in detail why the Spartans sent messengers to Delphi. [5]

2 ἡ δὲ Πυθία ... ἐπάγειν (lines 3-5): what did the Pythia say? [3]

3 οἱ δὲ Λακεδαιμόνιοι ... εἴη (lines 5-7):
(a) what did the Spartans know? [2]
(b) what did they not know? [2]

4 τὸν οὖν θεόν ... ἔθαψαν (lines 7-10): describe what happened when the god was consulted again. [5]

5 ταῦτα δὲ ... ἦσαν (lines 10-11): what was the result? [3]

6 Translate the rest of the story (lines 12-25) into good English. [40]

[Total 60]

87   *Cylon fails in his attempt to seize power in Athens.*

Κύλων ἦν Ἀθηναῖος ἀνὴρ τῶν <u>πάλαι</u>· <u>εὐγενὴς</u> ὢν καὶ ἐν τοῖς
Ὀλυμπίοις νικήσας, ὑπὸ τῶν πολιτῶν ἐτιμᾶτο. τὴν δὲ τοῦ
<u>Θεαγένους</u> θυγατέρα <u>ἔγημεν</u>, ὃς <u>τύραννος</u> ἦν τῶν <u>Μεγάρων</u>·
ὁ δὲ <u>Κύλων</u> ἐβούλετο καὶ αὐτὸς <u>τύραννος</u> εἶναι. ἔδοξεν οὖν
5   αὐτῷ τὸν ἐν <u>Δελφοῖς</u> θεὸν περὶ τῆς βουλῆς ἐρωτῆσαι. καὶ ὁ
θεὸς ἐκέλευσεν αὐτὸν λαβεῖν τὴν τῶν Ἀθηναίων <u>ἀκρόπολιν</u> ἐν
τῇ μεγίστῃ τοῦ Διὸς <u>ἑορτῇ</u>. ὁ οὖν <u>Κύλων</u>, στρατιώτας παρὰ
τοῦ <u>Θεαγένους</u> ἔχων, ἐπεὶ τὰ <u>Ὀλύμπια</u> αὖθις ἦλθεν, μετὰ
τῶν φίλων ἔλαβε τὴν <u>ἀκρόπολιν</u> ὡς <u>τύραννος</u> γενησόμενος·
10   ἐνόμιζε γὰρ τὰ <u>Ὀλύμπια</u> <u>ἑορτὴν</u> μεγίστην εἶναι διότι ἐκεῖ
ἐνίκησεν αὐτός.

οἱ δὲ Ἀθηναῖοι αἰσθόμενοι ἐκ τῶν ἀγρῶν ἐβοήθησαν καὶ τὴν
<u>ἀκρόπολιν</u> <u>ἐπολιόρκουν</u>. καὶ οἱ μὲν αὐτῶν δι' ὀλίγου ἀπῆλθον,
οἱ δὲ ἐννέα <u>ἄρχοντες</u> καὶ φύλακές τινες ἐκεῖ ἔμενον. μετὰ δὲ
15   πολὺν χρόνον οἱ <u>πολιορκούμενοι</u> ἔμελλον ἀποθανεῖσθαι ὡς
οὔτε σῖτον οὔτε ὕδωρ ἔχοντες· καὶ δὴ οὕτως ἀπέθανόν τινες
αὐτῶν. τέλος δὲ ἐξέφυγον ὁ μὲν <u>Κύλων</u> αὐτὸς καὶ ὁ <u>ἀδελφός</u>,
οἱ δὲ ἄλλοι ἐπὶ <u>βωμὸν</u> ἐν τῇ <u>ἀκροπόλει</u> ἐκάθισαν ὡς <u>ἱκέται</u>.
ἔπειτα δὲ ὁ <u>Μεγακλῆς</u>, ὁ τῶν <u>ἀρχόντων</u> ἡγεμών, τάδε
20   ὑπέσχετο· "ἐὰν τὸν <u>βωμὸν</u> λιπόντες ἀπέλθητε, ἀσφαλεῖς
ἔσεσθε." ἐπεὶ μέντοι οἱ <u>ἱκέται</u> ἀπέβαινον, ὁ <u>Μεγακλῆς</u> καὶ οἱ
μετὰ αὐτοῦ ἀπαγαγόντες αὐτοὺς ἐφόνευσαν πάντας. διὰ δὲ
ταῦτα τὰ αἰσχρὰ ἔργα οἱ τοῦ <u>Μεγακλέους</u> <u>ἔκγονοι</u>, οἱ
<u>Ἀλκμεωνίδαι</u>, ἀεὶ <u>ἐπάρατοι</u> ἦσαν ὡς ὑπὸ τῶν θεῶν
25   μισούμενοι.

Names

	Κύλων -ωνος, ὁ	Cylon
	Ὀλύμπια -ων, τά	Olympic Games
	Θεαγένης -ους, ὁ	Theagenes
	Μέγαρα -ων, τά	Megara *(city-state west of Athens)*
5	Δελφοί -ῶν, οἱ	Delphi *(oracle in central Greece)*
	Μεγακλῆς -έους, ὁ	Megacles
	Ἀλκμεωνίδαι -ῶν, οἱ	Alcmaeonids *(prominent Athenian family)*

Vocabulary

	πάλαι	long ago
	εὐγενής -ές	noble
	γαμέω *aor* ἔγημα	I marry
	τύραννος -ου, ὁ	tyrant, sole ruler *(not hereditary king; not necessarily bad)*
3		
	ἀκρόπολις -εως, ἡ	the Acropolis *(citadel of Athens)*
	ἑορτή -ῆς, ἡ	festival
	πολιορκέω	I besiege, I blockade
	ἄρχων -οντος, ὁ	archon *(Athenian magistrate)*
17	ἀδελφός -οῦ, ὁ	brother
	βωμός -οῦ, ὁ	altar
	ἱκέτης -ου, ὁ	suppliant *(person claiming sanctuary)*
	ἔκγονος -ου, ὁ	descendant
	ἐπάρατος -ον	cursed, under a curse

1 Κύλων ... ἐτιμᾶτο (lines 1-2): what are we told about Cylon here? [4]

2 τὴν δὲ ... εἶναι (lines 2-4): what do we learn here about his marriage and his ambition? [4]

3 ἔδοξεν ... ἐρωτῆσαι (lines 4-5): what did Cylon decide to do? [3]

4 καὶ ὁ θεὸς ... ἑορτῇ (lines 5-7): what did the god tell him to do? [3]

5 ὁ οὖν Κύλων ... αὐτός (lines 7-11): describe in detail what Cylon then did, and why. [6]

6 Translate the rest of the story (lines 12-25) into good English. [40]

[Total 60]

88   *Peisistratus makes two attempts to become tyrant of Athens.*

ὁ δὲ Πεισίστρατος ἐβούλετο τύραννος γενέσθαι τῶν Ἀθηνῶν.
πρῶτον μὲν οὖν ἐτραυμάτισεν ἑαυτὸν καὶ εἰσῆλθεν εἰς τὴν
ἀγοράν, ὥσπερ ἀπὸ τῶν ἐχθρῶν φεύγων· καὶ εἶπεν ὅτι οὗτοι
βούλοιντο ἀποκτεῖναι αὐτόν. ᾔτησεν οὖν τοὺς πολίτας
5   παρέχειν φύλακας. καὶ διότι ὁ Πεισίστρατος δόξαν ἐν
πολέμῳ πρότερον ἐδέξατο, ἔδοξε τοῖς Ἀθηναίοις δοῦναι
αὐτῷ ἄνδρας τινὰς κορύνας ἔχοντας. ἔπειτα δὲ ὁ
Πεισίστρατος μετὰ τούτων ἔλαβε τὴν ἀκρόπολιν. καὶ
τύραννος ὢν πρῶτον μὲν εὖ ἦρχε τῆς πόλεως· ὕστερον δὲ
10 στάσις ἐγένετο, καὶ οἱ ἰσχυρότατοι τῶν πολιτῶν ἐξέβαλον
αὐτόν.

δι' ὀλίγου μέντοι ὁ Μεγακλῆς, ἐν στάσει νικώμενος αὐτός,
βουλὴν μετὰ τοῦ Πεισιστράτου ἐποίησεν ἵνα αὖθις τύραννος
γένοιτο, τὴν τοῦ Μεγακλέους θυγατέρα γαμήσας. ἦν δὲ γυνή
15 τις μεγάλη καὶ καλὴ ἐν τοῖς ἀγροῖς οἰκοῦσα, ὀνόματι Φύη.
ταύτην οὖν παρεσκεύασαν ἵνα θεὰ εἶναι φαίνοιτο. ἔπειτα δὲ
οἱ τοῦ Πεισιστράτου φίλοι ἤγαγον αὐτὴν ἐν ἅρματι εἰς τὴν
πόλιν, τοῖς πολίταις λέγοντες· "ὦ Ἀθηναῖοι, δέχεσθε ὡς
τύραννον τὸν Πεισίστρατον, ὃν ἡ Ἀθήνη αὐτὴ τιμᾷ καὶ εἰς
20 τὴν ἑαυτῆς ἀκρόπολιν ἄγει." καὶ οἱ Ἀθηναῖοι, καίπερ
νομιζόμενοι σοφοὶ εἶναι, ἐπίστευσαν τούτοις τοῖς μώροις
λόγοις. οὕτως οὖν ὁ Πεισίστρατος αὖθις τύραννος τῶν
Ἀθηνῶν ἐγένετο. τὴν μέντοι τοῦ Μεγακλέους θυγατέρα
γαμήσας οὐκ ἤθελε τεκνοποιεῖσθαι, διότι υἱοὺς ἤδη εἶχε καὶ
25 τὸ τοῦ Μεγακλέους γένος ἐπάρατον ἦν. ὁ οὖν Μεγακλῆς
μάλιστα ὀργισθεὶς ἔπεισε τοὺς τοῦ Πεισιστράτου ἐχθροὺς
αὖθις ἐκβαλεῖν αὐτόν.

Names

	Πεισίστρατος -ου, ὁ	Peisistratus
	Ἀθῆναι -ῶν, αἱ	Athens
	Μεγακλῆς -έους, ὁ	Megacles *(leader of a rival faction)*
	Φύη -ης, ἡ	Phye
19	Ἀθήνη -ης, ἡ	Athene

Vocabulary

	τύραννος -ου, ὁ	tyrant, sole ruler *(not hereditary king; not necessarily bad)*
	τραυματίζω *aor* ἐτραυμάτισα	I wound
	ὥσπερ	as if
5	δόξα -ης, ἡ	glory
	κορύνη -ης, ἡ	wooden club
	ἀκρόπολις -εως, ἡ	the Acropolis *(citadel of Athens)*
	στάσις -εως, ἡ	civil strife
	γαμέω *aor* ἐγάμησα	I marry
17	ἅρμα -ατος, τό	chariot
	τεκνοποιέομαι	I father children
	γένος -ους, τό	family
	ἐπάρατος -ον	under a curse *(see Passage 87)*

1   ὁ δὲ Πεισίστρατος ... ᾿Αθηνῶν (line 1): what did Peisistratus want to do?   [1]

2   πρῶτον ... αὐτόν (lines 2-4): describe in detail the situation he staged.   [5]

3   ᾔτησεν ... ἔχοντας (lines 4-7):
(a) what did he ask the citizens to do?   [2]
(b) how did they react, and why?   [4]

4   ἔπειτα ... ἀκρόπολιν (lines 7-8): what did Peisistratus then do? [2]

5   καὶ τύραννος ... αὐτόν (lines 8-11): explain in detail what happened during Peisistratus' tenure of power.   [6]

6   Translate the rest of the story (lines 12-27) into good English.   [40]

[Total 60]

89   *After the defeat of the Persians, the Athenians rebuild their city walls despite Spartan opposition.*

ἐπεὶ δὲ οἱ Πέρσαι ἐν μάχῃ νικηθέντες ἐκ τῆς Ἑλλάδος
ἀνεχώρησαν, ἔδοξε τοῖς Ἀθηναίοις τὴν πόλιν ἐπισκευάζειν·
τὰ γὰρ τείχη καὶ πολλαὶ οἰκίαι ὑπὸ τῶν πολεμίων
διεφθάρησαν. καὶ ἤρξαντο νέα τείχη οἰκοδομεῖν, πολλῷ
5   ἰσχυρότερα τῶν πρότερον. οἱ μέντοι Λακεδαιμόνιοι περὶ
τούτων ἀκούσαντες ὠργίσθησαν, καίπερ σύμμαχοι ἐν τῷ
πολέμῳ γενόμενοι· ἐφοβοῦντο γὰρ τὴν τῶν Ἀθηναίων
φιλοτιμίαν. πρεσβευτὰς οὖν ἔπεμψαν οἳ τάδε εἶπον· "ὦ
Ἀθηναῖοι, φοβούμεθα τὰ ὑπὸ ὑμῶν ποιούμενα. ἐὰν γὰρ οἱ
10   Πέρσαι αὖθις εἰς τὴν Ἑλλάδα εἰσβαλόντες λάβωσι τὴν
ὑμετέραν πόλιν, τείχη ἰσχυρὰ ἔχουσαν, ῥᾳδίως οἷοί τ'
ἔσονται πόλεμον ἐπὶ τοὺς ἄλλους Ἕλληνας ποιεῖσθαι."

ὁ μέντοι Θεμιστοκλῆς ἔπεισε τοὺς Ἀθηναίους ἀποπέμψαι
τοὺς τῶν Λακεδαιμονίων πρεσβευτάς· ὑπέσχοντο δὲ αὐτοὶ
15   πρεσβευτὰς περὶ τούτων πέμψειν, ἐν οἷς ἔσται ὁ
Θεμιστοκλῆς αὐτός. ἔπειτα δὲ ἐκέλευσε τοὺς πολίτας τί δεῖ
ποιεῖν. ὁ μὲν οὖν Θεμιστοκλῆς πρὸς τὴν Λακεδαίμονα
ἐπορεύθη, τοὺς ἄλλους πρεσβευτὰς χρονίζειν κελεύσας, καὶ
ἀφικόμενος εἶπεν ὅτι δεῖ προσδέχεσθαι αὐτούς· οἱ δὲ
20   Ἀθηναῖοι μετὰ τῶν γυναικῶν καὶ τῶν παίδων νυκτὸς καὶ
ἡμέρας εἰργάζοντο ἵνα τὰ τείχη ὡς τάχιστα οἰκοδομοῖεν.
ἐπεὶ δὲ οἱ ἄλλοι πρεσβευταὶ εἰς τὴν Λακεδαίμονα τέλος
ἀφίκοντο, τῶν τειχῶν ἤδη ποιηθέντων, ὁ Θεμιστοκλῆς ἔφη τὸ
ἔργον παύσασθαι. ἐπεὶ δὲ οἱ Λακεδαιμόνιοι οὐκ ἐπίστευσαν
25   αὐτῷ, ὡς περὶ τῶν ὑπὸ τῶν Ἀθηναίων πρασσομένων
ἀκούσαντες, ἐκέλευσεν αὐτοὺς αὖθις πρεσβευτὰς πέμψαι. καὶ
οὗτοι ὑπὸ τῶν Ἀθηναίων ὡς αἰχμάλωτοι ἐλήφθησαν. οὕτως
οὖν οἱ Λακεδαιμόνιοι τὸ ἀληθὲς γνόντες οὐδὲν ποιεῖν οἷοί τ'
ἦσαν, καίπερ μάλιστα ὀργισθέντες.

Names

Πέρσαι -ῶν, οἱ	Persians
Ἑλλάς -άδος, ἡ	Greece

| Θεμιστοκλῆς -έους, ὁ | Themistocles *(Athenian statesman)* |
| Λακεδαίμων -ονος, ἡ | Sparta |

Vocabulary

	ἐπισκευάζω	I restore, I rebuild
	οἰκοδομέω	I build
	φιλοτιμία -ας, ἡ	ambition
	πρεσβευτής -οῦ, ὁ	ambassador
18	χρονίζω	I delay, I take my time
	προσδέχομαι	I wait for
	ἐργάζομαι *impf* εἰργαζόμην	I work

1 ἐπεὶ δὲ ... διεφθάρησαν (lines 1-4): after the defeat of the Persians, what did the Athenians decide to do, and why? [5]

2 καὶ ἤρξαντο ... πρότερον (lines 4-5): describe what they began to build. [4]

3 οἱ μέντοι ... φιλοτιμίαν (lines 5-8): how did the Spartans react, and why? [3]

4 πρεσβευτὰς ... ποιούμενα (lines 8-9): what did the Spartans then do? [2]

5 ἐὰν γὰρ ... ποιεῖσθαι (lines 9-12): explain in detail the argument used by the Spartan ambassadors. [6]

6 Translate the rest of the story (lines 13-29) into good English. [40]

[Total 60]

90   *The Spartans besieging Plataea have built an elaborate system of
ditches, walls and towers round the city, but on a stormy night some
of the Plataeans manage to escape.*

οἱ δὲ <u>Πλαταιῆς</u>, ἐπεὶ πάντα παρεσκευάσθη, νυκτὸς ἐξῆλθον
ἐκ τῆς πόλεως· καὶ χειμὼν μετὰ μεγάλου ἀνέμου ἐγένετο.
οἱ δὲ ἡγεμόνες αὐτῶν ἦσαν πολῖταί τινες τῆς βουλῆς αἴτιοι
ὄντες. καὶ πρῶτον μὲν τὴν <u>τάφρον</u> διέβησαν ἣ περὶ τὴν πόλιν
5   ὑπὸ τῶν πολεμίων ἐποιήθη. ἔπειτα δὲ πρὸς τὸ τεῖχος λάθρᾳ
προσέβαινον· οἱ γὰρ ἐκεῖ φύλακες οὐδὲν εἶδον νυκτὸς οὔσης,
καὶ διὰ τὸν ἄνεμον οὐδὲν ἤκουσαν. ἐπεὶ δὲ πρὸς τὸ τεῖχος
ἀφίκοντο, <u>κλίμακας</u> <u>προσέκλιναν</u> αὐτῷ. καὶ πολλοὶ τῶν
<u>Πλαταιῶν</u> ἀσφαλῶς <u>ὑπερέβησαν</u>. τότε δὲ οἱ ἐν τοῖς <u>πύργοις</u>
10   Λακεδαιμόνιοι ᾔσθοντο τί γίγνοιτο. τύχῃ γὰρ <u>κατέβαλέ</u> τις
τῶν <u>Πλαταιῶν</u> <u>κεραμίδα</u>, ἣ πεσοῦσα <u>ψόφον</u> ἐποίησεν.

καὶ εὐθὺς οἱ Λακεδαιμόνιοι βοῶντες ἐπέδραμον ἐπὶ αὐτούς.
οἱ μέντοι <u>Πλαταιῆς</u> οἱ ἔτι ἐν τῇ πόλει ὄντες, τοιοῦτο ἤδη
φοβούμενοι, βοῶντες καὶ αὐτοὶ πολλὰ πυρὰ ἔκαυσαν ὡς τοὺς
15   πολεμίους <u>ἀπάξοντες</u>. καὶ τοσοῦτον <u>θόρυβον</u> ἐποίησαν ὥστε
οἱ Λακεδαιμόνιοι <u>ἐταράχθησαν</u>. καὶ οὗτοι ἐβούλοντο <u>φρυκτοῖς</u>
χρῆσθαι ἵνα τοῖς <u>Θηβαίοις</u> συμμάχοις οὖσι περὶ τῶν
γενομένων ἀγγέλλοιεν, ἀλλὰ οὐχ οἷοί τ᾽ ἦσαν διὰ τὰ ἐν τῇ
πόλει πυρά· οἱ οὖν <u>Θηβαῖοι</u> οὐκ ἐβοήθησαν. καὶ ἕως ταῦτα
20   ἐγίγνετο, οἱ <u>Πλαταιῆς</u> οἱ φυγόντες ἐπορεύοντο ἀπὸ τῆς
πόλεως. ἤθελον δὲ πρὸς τὰς Ἀθήνας ἀφίκεσθαι, τῶν
Ἀθηναίων συμμάχων ὄντων. ἤρξαντο μέντοι κατὰ τὴν πρὸς
τὰς <u>Θήβας</u> ὁδὸν ἰόντες, ἵνα μὴ ὑπὸ τῶν πολεμίων ληφθεῖεν·
καὶ δὴ Λακεδαιμονίους τινὰς εἶδον <u>λαμπάδας</u> ἔχοντας, οἳ
25   κατὰ τὴν πρὸς τὰς Ἀθήνας ὁδὸν ἐπειρῶντο διώκειν. ὕστερον
δὲ πρὸς ταύτην <u>ἐτράποντο</u>, καὶ τέλος ἐσώθησαν. ἀλλὰ
οὐδέποτε ἐξέφυγον ἄν, εἰ μὴ ὁ χειμὼν ἐγένετο.

Names

Πλαταιῆς -ῶν, οἱ	Plataeans, people of Plataea
	(city in central Greece)
Θηβαῖοι -ων, οἱ	Thebans, people of Thebes

	Ἀθῆναι -ῶν, αἱ	Athens
23	Θῆβαι -ῶν, αἱ	Thebes *(city in central Greece)*

Vocabulary

	τάφρος -ου, ἡ	ditch
	κλῖμαξ -ακος, ἡ	ladder
	προσκλίνω *aor* προσέκλινα	I lean X *(acc)* against Y *(dat)*
	ὑπερβαίνω *aor* ὑπερέβην	I climb over
9	πύργος -ου, ὁ	tower
	καταβάλλω *aor* κατέβαλον	I dislodge
	κεραμίς -ίδος, ἡ	tile
	ψόφος -ου, ὁ	noise
	ἀπάγω *fut* ἀπάξω	I distract
15	θόρυβος -ου, ὁ	commotion, disturbance
	ταράσσω *aor pass* ἐταράχθην	I throw into disorder
	φρυκτός -οῦ, ὁ	fire-signal
	λαμπάς -άδος, ἡ	torch
	τρέπομαι *aor* ἐτραπόμην	I turn

1   οἱ δὲ Πλαταῖης ... ἐγένετο (lines 1-2): describe the circumstances in which the Plataeans left the city.   [3]

2   οἱ δὲ ἡγεμόνες ... ὄντες (lines 3-4): who were their leaders?   [3]

3   καὶ πρῶτον ... ἤκουσαν (lines 4-7): describe in detail how the escape attempt initially went well.   [5]

4   ἐπεὶ δὲ ... ὑπερέβησαν (lines 7-9):
     (a) what did they do next?   [2]
     (b) what was the outcome?   [2]

5   τότε δὲ ... ἐποίησεν (lines 9-11): explain how and why things then went wrong.   [5]

6   Translate the rest of the story (lines 12-27) into good English.   [40]

[Total 60]

91   *The Athenians react with initial harshness when the people of*
Mytilene rebel from their empire, but later repent of their decision.

νῆσός τις ἦν ἐν τῇ τῶν Ἀθηναίων ἀρχῇ, Λέσβος ὀνόματι.
ἐκεῖ πέντε πόλεις ἦσαν ὧν ἡ Μυτιλήνη μεγίστη ἦν. οἱ δὲ
Μυτιληναῖοι, καίπερ σύμμαχοι καὶ ὑπήκοοι τῶν Ἀθηναίων
γενόμενοι, ἐπεβούλευσαν αὐτοῖς· καὶ ἐπεὶ πάντα
5 παρεσκευάσθη, ἀπόστασιν ἀπὸ τῶν Ἀθηναίων ἐποίησαν.
οἱ οὖν Ἀθηναῖοι διὰ ταῦτα ὀργισθέντες ναῦς ἔπεμψαν καὶ
τὴν Μυτιλήνην ἐπολιόρκησαν. οἱ δὲ τῆς πόλεως ἄρχοντες,
πείσαντες τοὺς τῶν Ἀθηναίων στρατηγοὺς τάδε ἐᾶν,
πρεσβευτὰς πρὸς τὰς Ἀθήνας ἔπεμψαν ὡς ὑπὲρ ἑαυτῶν
10 ἐροῦντας. οἱ μέντοι Ἀθηναῖοι, ὑπὸ τοῦ Κλέωνος πεισθέντες,
ἐβούλοντο ἔτι μᾶλλον κολάζειν τοὺς Μυτιληναίους.

ἔδοξεν οὖν αὐτοῖς τοὺς μὲν ἄνδρας φονεύειν, τὰς δὲ
γυναῖκας καὶ τοὺς παῖδας δούλους ποιεῖν. καὶ ναῦν πρὸς τὴν
Μυτιλήνην ἔπεμψαν, ὡς κελεύσοντες τοὺς ἐκεῖ στρατηγοὺς
15 εὐθὺς ἀποκτείνειν τοὺς πολίτας. τῇ δὲ ὑστεραίᾳ μετάνοιά
τις ἦν, καὶ πολλοὶ ἐν τῇ ἐκκλησίᾳ τούτῳ τῷ δεινῷ ἀντεῖπον.
ἔδοξεν οὖν τοῖς Ἀθηναίοις δευτέραν ναῦν πέμψαι, ἵνα
σώσειαν τοὺς ἐν τῇ νήσῳ. οἱ δὲ τῶν Μυτιληναίων πρεσβευταὶ
ὑπέσχοντο μεγάλα δῶρα τοῖς ναύταις δώσειν ἵνα θᾶσσον
20 ἐλαύνοιεν. ἐγένετο οὖν τοσαύτη σπουδὴ τοῦ πλοῦ ὥστε ἡ
ναῦς οὔτε ἡμέρας οὔτε νυκτὸς ἐπαύσατο· οἱ γὰρ ναῦται
ἤσθιον ἐλαύνοντες, καὶ οἱ μὲν ἐκάθευδον κατὰ μέρος, οἱ δὲ
ἤλαυνον. οἱ μέντοι ἐν τῇ πρώτῃ νηὶ ναῦται βραδύτατα
ἤλαυνον, ὡς δεινὰ ἀγγελοῦντες. τῆς οὖν πρώτης ἀφικομένης
25 καὶ τοῦ στρατηγοῦ τοῖς Μυτιληναίοις ἀγγέλλοντος τί
πείσονται, ἡ δευτέρα ναῦς εἰς τὸν λιμένα εἰσπλεύσασα
ἐκώλυσε ταῦτα γένεσθαι.

Names

Λέσβος -ου, ἡ	Lesbos
Μυτιλήνη -ης, ἡ	Mytilene
Μυτιληναῖοι -ων, οἱ	Mytileneans, people of Mytilene
Ἀθῆναι -ῶν, αἱ	Athens
10 Κλέων -ωνος, ὁ	Cleon *(hard-line Athenian politician)*

Vocabulary

	ὑπήκόοι -ων, οἱ	subjects
	ἐπιβουλεύω *aor* ἐπεβούλευσα	I plot against *(+ dat)*
	ἀπόστασις -εως, ἡ	rebellion
	πολιορκέω *aor* ἐπολιόρκησα	I blockade
8	ἐάω	I allow
	πρεσβευτής -οῦ, ὁ	ambassador, envoy
	ὑστεραία -ας, ἡ	the next day
	μετάνοια -ας, ἡ	change of heart
	ἀντιλέγω *aor* ἀντεῖπον	I speak against *(+ dat)*
20	ἐλαύνω	*(here)* I row
	σπουδή -ῆς, ἡ	haste
	πλοῦς -ου, ὁ	voyage
	κατὰ μέρος	in turn

1 νῆσός τις ... ἦν (lines 1-2): what do we learn here about the island of Lesbos? [3]

2 οἱ δὲ Μυτιληναῖοι ... ἐποίησαν (lines 2-5): describe in detail what the Mytileneans did. [5]

3 οἱ οὖν ᾿Αθηναῖοι ... ἐπολιόρκησαν (lines 6-7): how did the Athenians react? [3]

4 οἱ δὲ τῆς πόλεως ... ἐροῦντας (lines 7-10): what did the city authorities in Mytilene do? [5]

5 οἱ μέντοι ᾿Αθηναῖοι ... Μυτιληναίους (lines 10-11): what did the Athenians decide to do, and why? [4]

6 Translate the rest of the story (lines 12-27) into good English. [40]

[Total 60]

92 *The Athenians initially fail to provoke the Peloponnesians and their Spartan leader Lysander to fight a sea-battle; when he does finally attack, they suffer a humiliating defeat.*

ἡμέρας δὲ γενομένης οἱ μὲν ᾿Αθηναῖοι πρὸς τὸν τῶν
<u>Πελοποννησίων</u> λιμένα ἀφίκοντο· ὁ δὲ <u>Λύσανδρος</u> οὐκ
<u>ἀντανήγαγεν</u>. οἱ οὖν ᾿Αθηναῖοι αὖθις ἀπέπλευσαν. ὁ μέντοι
<u>Λύσανδρος</u> ἐκέλευσε τὰς ταχίστας τῶν νεῶν ἕπεσθαι τοῖς
5 ᾿Αθηναίοις· ἐβούλετο γὰρ γιγνώσκειν τί ποιοῦσιν. καὶ
τέσσαρας ἡμέρας ὁ <u>Λύσανδρος</u> καὶ οἱ ᾿Αθηναῖοι οὕτως
ἔπρασσον· οἱ μὲν γὰρ ᾿Αθηναῖοι πρὸς τὸν τῶν πολεμίων
λιμένα πολλάκις ἔπλεον, οἱ δὲ <u>Πελοποννήσιοι</u> οὐκ ἤθελον
μάχεσθαι. ὁ δὲ <u>᾿Αλκιβιάδης</u>, ᾿Αθηναῖός τις πρότερον
10 <u>στρατηγήσας</u> ὃς νῦν <u>φυγὰς</u> ἦν, τύχῃ ἀφικόμενος εἶδε τὰ
γιγνόμενα.

οὗτος δὲ ἐφοβεῖτο διότι οἱ ᾿Αθηναῖοι ἐν <u>αἰγιαλῷ</u> ἔμενον, καὶ
χαλεπὸν ἦν σῖτον <u>πορίζειν</u> διότι οὐδεμία πόλις <u>ἐγγὺς</u> ἦν.
<u>παρήνεσεν</u> οὖν τοῖς στρατηγοῖς αὐτῶν πρὸς <u>τόπον</u>
15 ἀσφαλέστερον πλεῖν. ἀλλὰ οἱ στρατηγοὶ ὀργιζόμενοι
ἐκέλευσαν αὐτὸν ἀπιέναι· ἔφησαν γὰρ αὐτοὶ νῦν <u>στρατηγεῖν</u>,
οὐκ ἐκεῖνον. ἔπειτα δὲ τῇ πέμπτῃ ἡμέρᾳ ὁ <u>Λύσανδρος</u>, πᾶν
τὸ ναυτικὸν ἄγων, βραδέως ἐκ τοῦ λιμένος ἔπλευσε πρὸς
τὰς τῶν ᾿Αθηναίων ναῦς. καὶ οἱ μετὰ τοῦ <u>Λυσάνδρου</u> ᾔσθοντο
20 τὰς ναῦς ἐν τῷ <u>αἰγιαλῷ</u> οὔσας καὶ τοὺς ναύτας αὐτοὺς
<u>πλανωμένους</u> ἵνα σῖτον <u>πορίζοιεν</u>. τότε οὖν ὑπὸ τοῦ
στρατηγοῦ ἐκελεύσθησαν τοῖς ᾿Αθηναίοις εὐθὺς προσβαλεῖν.
ὁ δὲ <u>Κόνων</u> ταῦτα ἰδὼν ἔγνω τὰς ναῦς ἐν κινδύνῳ ἐσόμενας.
ἐπειρᾶτο οὖν τοὺς ναύτας συλλέγειν καὶ τὰς ναῦς
25 <u>ἀνάγειν</u>, ἀλλὰ <u>ὀψὲ</u> ἦν· ὁ γὰρ <u>Λύσανδρος</u> ἀφικόμενος τὰς ναῦς
ἔτι ἐν τῷ <u>αἰγιαλῷ</u> οὔσας ἔλαβεν.

Names

Πελοποννήσιοι -ων, οἱ	Peloponnesians
Λύσανδρος -ου, ὁ	Lysander
᾿Αλκιβιάδης -ου, ὁ	Alcibiades
Κόνων -ωνος, ὁ	Conon *(Athenian general)*

Vocabulary

	ἀντανάγω *aor* ἀντανήγαγον	I put out to sea in opposition
	στρατηγέω *aor* ἐστρατήγησα	I serve as a general
	φυγάς -άδος, ὁ	exile, person in exile
	αἰγιαλός -οῦ, ὁ	beach
13	πορίζω	I get supplies of
	ἐγγύς	nearby
	παραινέω *aor* παρήνεσα	I urge, I advise *(+ dat)*
	τόπος -ου, ὁ	place
	πλανάομαι	I wander around
25	ἀνάγω	I put (a ship) out to sea
	ὀψέ	too late

1 ἡμέρας δὲ ... ἀντανήγαγεν (lines 1-3): describe what happened when day dawned. [4]

2 οἱ οὖν ᾽Αθηναῖοι ... ἀπέπλευσαν (line 3): what did the Athenians do as a result? [1]

3 ὁ μέντοι Λύσανδρος ... ποιοῦσιν (lines 3-5): what did Lysander then do, and why? [5]

4 καὶ τέσσαρας ... μάχεσθαι (lines 5-9): describe in detail the stalemate between the Athenians and Lysander. [5]

· 5 ὁ δὲ ᾽Αλκιβιάδης ... γιγνόμενα (lines 9-11): what do we learn about Alcibiades here? [5]

6 Translate the rest of the story (lines 12-26) into good English. [40]

[Total 60]

93   *At the end of the long Peloponnesian War, Athens finally surrenders to Sparta.*

οἱ δὲ Ἀθηναῖοι πολλὰ ἔτη τοῖς Λακεδαιμονίοις ἐμάχοντο.
τέλος δὲ ἐν μεγάλῃ <u>ναυμαχίᾳ</u> ὑπὸ τῶν πολεμίων ἐνικήθησαν.
μετὰ δὲ ταῦτα <u>Ἆγις</u> ὁ τῶν Λακεδαιμονίων βασιλεὺς πολλὴν
στρατιὰν λαβὼν <u>ἐπολιόρκησε</u> τὰς <u>Ἀθήνας</u> καὶ ὁ <u>Λύσανδρος</u>
5   πολλὰς ναῦς ἔχων <u>ὥρμει</u> πρὸς τὸν <u>λιμένα</u>. οἱ οὖν Ἀθηναῖοι,
<u>πολιορκούμενοι</u> κατὰ γῆν καὶ κατὰ θάλασσαν <u>ἠπόρουν</u> τί δεῖ
ποιεῖν. οὔτε γὰρ ναῦς οὔτε συμμάχους οὔτε σῖτον εἶχον, καὶ
πολλοὶ <u>λιμῷ</u> ἀπέθνησκον. ἀγγέλους οὖν πρὸς τὸν <u>Ἆγιν</u>
ἔπεμψαν, βουλόμενοι σύμμαχοι εἶναι τοῖς Λακεδαιμονίοις,
10   ἔτι ἔχοντες τὰ τῆς πόλεως τείχη καὶ τὸν <u>λιμένα</u>, καὶ εἰρήνην
<u>ἐπὶ τούτοις</u> ποιεῖσθαι.

ὁ δὲ <u>Ἆγις</u> τοῖς ἀγγέλοις "ὦ ἄνδρες Ἀθηναῖοι" ἔφη "δεῖ
ὑμᾶς εἰς τὴν <u>Λακεδαίμονα</u> ἐλθόντας τοῖς ἐκεῖ ἄρχουσι
λέγειν." ἐπεὶ δὲ οἱ ἄγγελοι ἀφίκοντο, οἱ Λακεδαιμόνιοι εὐθὺς
15   ἀπέπεμψαν αὐτοὺς ὡς <u>ἀδύνατα</u> αἰτοῦντας. ἐν δὲ ταῖς
Ἀθήναις ἔτι πλείονες <u>λιμῷ</u> ἀπέθανον. οἱ οὖν Ἀθηναῖοι τὸν
<u>Θηραμένη</u> <u>πρεσβευτὴν</u> πρὸς τὴν <u>Λακεδαίμονα</u> ἔπεμψαν.
καὶ οἱ ἐκεῖ ἄρχοντες εἶπον αὐτῷ ὅτι δεῖ τοὺς Ἀθηναίους τὰ
τείχη <u>καθελεῖν</u>, καὶ τοῖς Λακεδαιμονίοις κατὰ γῆν καὶ κατὰ
20   θάλασσαν ἕπεσθαι. καὶ ὁ <u>Θηραμένης</u> ταῦτα τοῖς πολίταις
ἤγγειλεν. ἐπεὶ οὖν <u>ἀδύνατον</u> ἐφαίνετο ἔτι μάχεσθαι, ἔδοξε
τῇ ἐκκλησίᾳ τὴν εἰρήνην <u>ἐπὶ τούτοις</u> δέχεσθαι. μετὰ δὲ
ταῦτα ὁ <u>Λύσανδρος</u> εἰς τὸν λιμένα ἔπλευσεν, καὶ οἱ
Λακεδαιμόνιοι τὰ τείχη <u>ὑπὸ</u> <u>αὐλητρίδων</u> <u>καθῄρουν</u>,
25   νομίζοντες ἐκείνην τὴν ἡμέραν ἄρχεσθαι τῆς <u>ἐλευθερίας</u>
τοῖς Ἕλλησιν.

Names

	Ἆγις -ιδος, ὁ	Agis
	Ἀθῆναι -ῶν, αἱ	Athens
	Λύσανδρος -ου, ὁ	Lysander *(Spartan naval commander)*
	Λακεδαίμων -ονος, ἡ	Sparta
17	Θηραμένης -ους, ὁ	Theramenes *(Athenian politician)*

172

Vocabulary

	ναυμαχία -ας, ἡ	sea-battle
	πολιορκέω *aor* ἐπολιόρκησα	I beseige
	ὁρμέω	I lie at anchor
	λιμήν -ένος, ὁ	harbour
6	ἀπορέω	I am at a loss
	λιμός -οῦ, ὁ	hunger, famine
	ἐπὶ τούτοις	on these terms
	ἀδύνατος -ον	impossible
	πρεσβευτής -οῦ, ὁ	ambassador
19	καθαιρέω *aor* καθεῖλον	I take down, I demolish
	ὑπό	*(here)* to the accompaniment of
	αὐλητρίς -ίδος, ἡ	flute-girl
	ἐλευθερία -ας, ἡ	freedom

1   οἱ δὲ ᾽Αθηναῖοι ... ἐνικήθησαν (lines 1-2): summarise the course
     of the war so far.   [3]

2   μετὰ δὲ ταῦτα ... λιμένα (lines 3-5): describe in detail the two-
     pronged Spartan attack on Athens.   [5]

3   οἱ οὖν ᾽Αθηναῖοι ... ποιεῖν (lines 5-7): why were the Athenians
     at a loss?   [2]

4   οὔτε γὰρ ... ἀπέθνῃσκον (lines 7-8): give four details of their
     suffering.   [4]

5   ἀγγέλους ... ποιεῖσθαι (lines 8-11):
     (a) what did the Athenians do?   [1]
     (b) what did they hope to achieve?   [5]

6   Translate the rest of the story (lines 12-26) into good English.   [40]

                                                            [Total 60]

94 *A woman becomes a Persian provincial governor under Pharnabazus but is treacherously murdered by her son-in-law; he tries to take her place, but receives only a threat of vengeance.*

ὁ μὲν <u>Φαρνάβαζος</u> ἦρχεν ἐν τῇ ᾿<u>Ασίᾳ</u>, ἐν ᾗ ἦν ἡ χώρα <u>Αἰολίς</u>·
ὁ δὲ <u>Ζῆνις</u> <u>ἐσατράπευε</u> ταύτης τῆς χώρας ἕως <u>ἔζη</u>. ἐπεὶ
μέντοι ὁ <u>Ζῆνις</u> νόσῳ ἀπέθανεν, τοῦ <u>Φαρναβάζου</u> μέλλοντος
τὴν ἀρχὴν ἄλλῳ ἀνδρὶ δώσειν, ἡ <u>Μανία</u>, ἡ τοῦ <u>Ζήνιος</u> γυνή,
5 δῶρα λαβοῦσα πρὸς τὸν <u>Φαρνάβαζον</u> ἦλθεν ἵνα πείθοι αὐτὸν
τὴν ἀρχὴν ἑαυτῇ δοῦναι. ἀφικομένη δὲ εἶπεν αὐτῷ· "ὦ
<u>Φαρνάβαζε</u>, ὁ ἀνὴρ ὁ ἐμὸς φίλος σοι ὢν τὸν <u>φόρον</u> ἀεὶ ἔφερεν
ὥστε σὺ <u>ἐπαινῶν</u> αὐτὸν ἐτίμας. νῦν δὲ αἰτῶ σε τὴν ἀρχὴν
δοῦναί μοι. ἐὰν δὲ μὴ τὰ αὐτὰ ποιήσω, σὺ οἷός τ᾿ ἔσῃ ἀφελὼν
10 τὴν ἀρχὴν δοῦναι ἄλλῳ."

ὁ δὲ <u>Φαρνάβαζος</u> ἀκούσας ταῦτα ἐνόμισε δεῖν τὴν γυναῖκα
<u>σατραπεύειν</u>. καὶ ἐπεὶ ἡ <u>Μανία</u> τῆς <u>Αἰολίδος</u> ἦρχεν, τὸν
<u>φόρον</u> ἀεὶ ἔφερεν· πολλὰ δῶρα τῷ <u>Φαρναβάζῳ</u> ἔδωκεν, καὶ
πολλάκις ἐβοήθησεν αὐτῷ μαχομένῳ, ὥστε τοὺς πολεμίους
15 ἐνίκησεν. ὁ οὖν <u>Φαρνάβαζος</u> ἐθαύμαζε τὴν <u>Μανίαν</u>
<u>σατραπεύουσαν</u>, καὶ τὴν βουλὴν αὐτῆς ἐζήτει. ἀλλὰ ἤδη
οὔσης τῆς <u>Μανίας</u> πλέον ἢ <u>τεσσαράκοντα</u> ἐτῶν, ὁ <u>Μειδίας</u>,
ἀνὴρ τῆς θυγατρὸς ὤν, ἐπείσθη ὑπό τινων λεγόντων ὅτι οὐ
δεῖ γυναῖκα ἄρχειν. διὰ δὲ ταῦτα, εἰς τὴν οἰκίαν ῥᾳδίως
20 εἰσβάς (ἡ γὰρ <u>Μανία</u> ἐπίστευεν ἐκείνῳ), ἀπέκτεινεν αὐτήν.
ἀποκτείνας δὲ καὶ τὸν υἱὸν αὐτῆς, ἤλπιζε <u>σατραπεύσειν</u>
αὐτός. δῶρον οὖν τῷ <u>Φαρναβάζῳ</u> ἔπεμψεν, καὶ ὑπέσχετο
πλείονα πέμψειν <u>σατραπεύων</u>. ὁ μέντοι <u>Φαρνάβαζος</u>
ἐκέλευσεν αὐτὸν τὰ δῶρα <u>διατηρεῖν</u>, λέγων ὅτι δι᾿ ὀλίγου
25 ἀφίξεται ὡς ληψόμενος <u>καὶ</u> τά δῶρα <u>καὶ</u> τὸν <u>Μειδίαν</u> αὐτόν.

Names

Φαρνάβαζος -ου, ὁ	Pharnabazus (*prominent Persian and regional governor*)
᾿Ασία -ας, ἡ	Asia
Αἰολίς -ίδος, ἡ	Aeolis (*province of Persian empire, in modern Turkey*)
Ζῆνις -ιος, ὁ	Zenis

1

| Μανία -ας, ἡ | Mania |
| Μειδίας -ου, ὁ | Meidias |

Vocabulary

	σατραπεύω	I am a satrap *(provincial governor)*
	ζάω	I live, I am alive
	φόρος -ου, ὁ	tribute, tax
	ἐπαινέω	I praise
17	τεσσαράκοντα	forty
	διατηρέω	I keep, I look after
	καί ... καί	both ... and

1   ὁ μὲν Φαρνάβαζος ... ἔζη (lines 1-2): what do we learn here about the government of Asia and the people involved?   [4]

2   ἐπεὶ μέντοι ... δοῦναι (lines 2-6): when Zenis died,
(a) what was Pharnabazus intending to do?   [2]
(b) how did Mania try to change his mind?   [4]

3   ἀφικομένη ... ἐτίμας (lines 6-8): what did Mania say about her husband's previous good service to Pharnabazus?   [5]

4   νῦν δὲ ... μοι (lines 8-9): what did she ask Pharnabazus to do?   [2]

5   ἐὰν δὲ ... ἄλλῳ (lines 9-10): what did Mania say Pharnabazus could do if she failed to match up?   [3]

6   Translate the rest of the story (lines 11-25) into good English.   [40]

[Total 60]

95 *The Spartan commander Agesilaus captures the port of Peiraion with part of his army, but learns that the other part has suffered an unexpected defeat through carelessness.*

τῇ δὲ τετάρτῃ ἡμέρᾳ ὁ ᾿Αγησίλαος ἦγε πρὸς τὸ Πείραιον
τοὺς μετὰ ἑαυτοῦ στρατιώτας. οἱ οὖν πολῖται εἰς ἱερόν τι
ἔφυγον. ἔπειτα δέ, τοῦ ᾿Αγησιλάου τὴν πόλιν λαβόντος,
ἔδοξεν αὐτοῖς ἐξελθοῦσιν ἐνδοῦναι. καὶ Λακεδαιμόνιοί τινες
5 τούτους ὡς αἰχμαλώτους ἔλαβον, καὶ ξίφη ἔχοντες
ἐφύλασσον. ὁ οὖν ᾿Αγησίλαος διὰ ταύτην τὴν νίκην ἔχαιρεν.
ἔπειτα δὲ ἱππεύς τις ἀφίκετο, δεινὰ ἀγγέλλων· οἱ γὰρ ἄλλοι
στρατιῶται, οἳ τὸ Λέχαιον ἐπολιόρκουν, ἐν μάχῃ ἐνικήθησαν.
ὁ δὲ ᾿Αγησίλαος ταῦτα ἀκούσας τοὺς στρατηγοὺς ταχέως
10 συνέλεξεν. καὶ πάντες ἐθαύμαζον, διότι οἱ Λακεδαιμόνιοι οὐ
πολλάκις τοιαῦτα ἔπαθον.

δι᾿ ὀλίγου ἄλλοι ἄγγελοι ἀπὸ τοῦ Λεχαίου προσέβησαν,
λέγοντες ὅτι οἱ νεκροὶ οἱ τῶν ἐκεῖ ἀποθανόντων ἐσώθησαν.
καὶ ὁ ᾿Αγησίλαος παρὰ τούτων τῶν ἀγγέλων πλείονα περὶ
15 τῆς μάχης ἔμαθεν. οἱ γὰρ ἄγγελοι τάδε εἶπον· "οἱ πολέμιοι
ᾔσθοντο τοὺς Λακεδαιμονίους ἔξω τῶν τοῦ Λεχαίου τειχῶν
οὕτως ἀτάκτους ὄντας ὥστε ἐνόμισαν οἷοί τ᾿ ἔσεσθαι
ἀσφαλῶς προσβαλεῖν αὐτοῖς. εἰ μὲν γὰρ οἱ Λακεδαιμόνιοι
ἐφυλάξαντο, οἱ πολέμιοι οὐδέποτε ἂν ἐτόλμησαν τοιαῦτα
20 πράσσειν. τούτων δὲ προσβαλόντων, πολλοὶ τῶν
Λακεδαιμονίων καίπερ ἀνδρείως μαχεσάμενοι ἀπέθανον. οἱ
δὲ περιγιγνόμενοι ἀνὰ ὄρος τι ἐγγὺς τοῦ Λεχαίου ἔφυγον.
καὶ ἐκεῖ πολὺν χρόνον ἔμενον. τέλος δέ, οὐκέτι ἐλπίζοντες
σωθήσεσθαι, ἠναγκάσθησαν καὶ αὐτοὶ ἐνδοῦναι. οὕτως οὖν οἱ
25 Λακεδαιμόνιοι οἱ περὶ τὸ Λέχαιον μαχόμενοι ἐνικήθησαν."

Names

᾿Αγησίλαος -ου, ὁ	Agesilaus
Πείραιον -ου, τό	Peiraion *(port in central Greece, north of Corinth)*
Λέχαιον -ου, τό	Lechaion *(port of Corinth)*

Vocabulary

	ἐνδοῦναι *(irreg inf)*	to surrender
	χαίρω	I rejoice
	πολιορκέω	I besiege
	ἔξω	outside *(+ gen)*
17	ἄτακτος -ον	in disorder
	φυλάσσομαι *aor* ἐφυλαξάμην	I am on my guard
	τολμάω *aor* ἐτόλμησα	I dare
	περιγίγνομαι	I survive
	ἐγγύς	near *(+ gen)*
23	οὐκέτι	no longer

1   τῇ δὲ τετάρτῃ ... στρατιώτας (lines 1-2): what did Agesilaus do
    on the fourth day?   [3]

2   οἱ οὖν πολῖται ... ἐνδοῦναι (lines 2-4):
    (a) how did the citizens initially react?   [2]
    (b) what did they decide to do when Agesilaus had captured the
    city?   [2]

3   καὶ Λακεδαιμόνιοί τινες ... ἔχαιρεν (lines 4-6): what grounds
    had Agesilaus for rejoicing?   [3]

4   ἔπειτα δὲ ... ἐνικήθησαν (lines 7-8): explain in detail what caused
    the mood of the Spartans to change.   [5]

5   ὁ δὲ Ἀγησίλαος ... ἔπαθον (lines 9-11):
    (a) how did Agesilaus react?   [2]
    (b) why was what had happened surprising?   [3]

6   Translate the rest of the story (lines 12-25) into good English.   [40]

[Total 60]

96 Rivalry between the two sons of Darius

ἦσαν τῷ Δαρείῳ, τῶν Περσῶν βασιλεῖ, δύο παῖδες,
πρεσβύτερος Ἀρταξέρξης, νεώτερος δὲ Κῦρος. ἐπεὶ δὲ ὁ
Δαρεῖος ἀσθενὴς γενόμενος ἐνόμισε δι' ὀλίγου
ἀποθανεῖσθαι, ἐβούλετο τοὺς παῖδας ἀμφοτέρους παρεῖναι.
5 ὁ μὲν οὖν πρεσβύτερος τύχῃ ἐν τῇ πόλει ἤδη παρῆν· τὸν δὲ
Κῦρον ὁ πατὴρ μετεπέμψατο ἀπὸ τῆς ἀρχῆς ἧς αὐτὸν
σατράπην ἐποίησεν. ὁ οὖν Κῦρος ἀφίκετο, ἄγων τὸν
Τισσαφέρνη ὡς φίλον καὶ πολλοὺς στρατιώτας. ἐπεὶ δὲ ὁ
Δαρεῖος ἀπέθανε καὶ ὁ Ἀρταξέρξης βασιλεὺς ἐγένετο, ὁ
10 Τισσαφέρνης εἶπεν αὐτῷ "ὁ ἀδελφὸς ἐπιβουλεύει σοι."

ὁ οὖν Ἀρταξέρξης, τούτῳ πιστεύων, ἔλαβε τὸν Κῦρον ὡς
ἀποκτενῶν. καὶ δὴ ἀπέκτεινεν ἄν, εἰ μὴ ἡ μήτηρ τοῦτο
ἔπαυσεν. αὕτη μέντοι τὸν Κῦρον πάλιν πρὸς τὴν ἄρχην
ἔπεμψεν. οὕτως δὲ ὁ Κῦρος ἐκ κινδύνου ἐξέφυγεν, ἀλλὰ
15 μάλιστα ὠργίσθη ὡς αἰσχρὰ παθών. τότε οὖν ἀληθῶς ἔδοξεν
αὐτῷ ἀντὶ τοῦ ἀδελφοῦ ἄρχειν. καὶ ἡ μήτηρ ἐβοήθησε τῷ
Κύρῳ, φιλοῦσα αὐτὸν μᾶλλον ἢ τὸν Ἀρταξέρξην. ὁ δὲ Κῦρος
συμμάχους πανταχοῦ ἐζήτει. ἀγγέλους δὲ παρὰ τοῦ ἀδελφοῦ
ἀεὶ εὖ ἐποίει, ὥστε φίλοι ἑαυτοῦ ἐγένοντο μᾶλλον ἢ
20 βασιλέως. τέλος δέ, μυρίους στρατιώτας ἐκ πάσης τῆς
Ἑλλάδος λάθρᾳ καλέσας, ἐπορεύθη ἐπὶ τὸν Ἀρταξέρξην, ἓξ
μήνων ὁδόν, ἵνα βασιλεὺς αὐτὸς γένοιτο. πρῶτον μὲν ὁ Κῦρος
εὐτυχὴς ἦν, διὰ πολλὰς χώρας μετὰ τῆς μεγάλης στρατιᾶς
ταχέως πορευόμενος. ἐπεὶ δὲ εἰς τὴν Βαβυλωνίαν ἀφίκετο,
25 ὑπὸ τῆς τοῦ ἀδελφοῦ στρατιᾶς νικηθεὶς ἀπέθανεν.

Names

	Δαρεῖος -ου, ὁ	Darius *(king of Persia 424-404 BC)*
	Πέρσαι -ῶν, οἱ	Persians
	Ἀρταξέρξης -ου, ὁ	Artaxerxes *(king 404-359 BC)*
	Κῦρος -ου, ὁ	Cyrus
8	Τισσαφέρνης -ους, ὁ	Tissaphernes *(high-ranking but untrustworthy Persian official)*
	Ἑλλάς -άδος, ἡ	Greece
	Βαβυλωνία -ας, ἡ	Babylonia, territory of Babylon

Vocabulary

	πρεσβύτερος -α -ον	elder
	ἀμφότεροι -αι -α	both
	πάρειμι *impf* παρῆν	I am present
	μεταπέμπομαι	
6	*aor* μετεπεμψάμην	I send for
	ἄρχη -ης, ἡ	*(here)* province
	σατράπης -ου, ὁ	satrap *(Persian provincial governor)*
	ἀδελφός -οῦ, ὁ	brother
	ἐπιβουλεύω	I plot against *(+ dat)*
13	πάλιν	back
	ἀντί	instead of *(+ gen)*
	πανταχοῦ	everywhere
	ποιέω	*(here)* I treat
	μύριοι -αι -α	10,000
22	μήν μηνός, ὁ	month

1   ἦσαν ... Κῦρος (lines 1-2): what do we learn here about Darius and his family? [4]

2   ἐπεὶ δὲ ... παρεῖναι (lines 2-4):
(a) what are we told about Darius' state of health? [2]
(b) what did he want as a result? [2]

3   ὁ μὲν οὖν ... ἐποίησεν (lines 5-7): how was this achieved? [5]

4   ὁ οὖν Κῦρος ... στρατιώτας (lines 7-8): whom did Cyrus bring with him? [2]

5   ἐπεὶ δὲ ... ἐπιβουλεύει σοι (lines 8-10): explain in detail when and how Tissaphernes intervened. [5]

6   Translate the rest of the story (lines 11-25) into good English. [40]

[Total 60]

97 *The Persian prince Cyrus, leading an army of Greek soldiers
against his brother Artaxerxes in the hope of replacing him as king,
is killed at the battle of Cunaxa, though the Greeks are victorious.*

ὁ δὲ Κῦρος, ὁρῶν τοὺς Ἕλληνας νικῶντας, μάλιστα ἥσθη.
καὶ οἱ περὶ αὐτὸν προσεκύνουν τὸν Κῦρον ὥσπερ ἤδη βασιλέα
γενόμενον. ὁ μέντοι Κῦρος οὐχ οὕτω μῶρος ἦν ὥστε αὐτὸς
διωκείν τοὺς πολεμίους. τοὺς δὲ ἑαυτοῦ ἱππέας ἔχων, ἔμενεν
5 ἵνα μάθοι τί ποιήσει βασιλεύς. ὁ δὲ Ἀρταξέρξης, ἐπεὶ οὐδεὶς
τοῖς ἑαυτοῦ στρατιώταις ἐμάχετο, ἐκέλευσεν αὐτοὺς τοῖς
Ἕλλησι προσβαλεῖν. τότε δὴ ὁ Κῦρος, νομίζων βασιλέα νῦν
οἷόν τ' εἶναι διαφθείρειν τοὺς Ἕλληνας, προσέβαλε καὶ
αὐτός. τοὺς δὲ πρὸ βασιλέως ταχθέντας ἐνίκησεν, καὶ
10 λέγεται τῇ ἑαυτοῦ χειρὶ ἀποκτεῖναι στρατηγόν τινα τῶν
Περσῶν, Ἀρταγέρσην ὀνόματι.

ἔπειτα δὲ οἱ τοῦ Κύρου στρατιῶται τοὺς πολεμίους
διώκοντες διεσπείροντο. οὕτως οὖν μετὰ ὀλίγων λειφθείς,
ἐξαίφνης ὁ Κῦρος βασιλέα ἤσθετο ἐγγὺς ὄντα, καὶ μεγάλῃ
15 φωνῇ ἐβόησεν "τὸν ἄνδρα ὁρῶ." καὶ τῷ ἀδελφῷ προσβαλὼν
διὰ τοῦ θώρακος ἐτραυμάτισεν. τὸν μέντοι Κῦρον αὐτὸν
τοῦτο ποιοῦντα Πέρσης τις δόρατι ἀπέκτεινεν. καὶ λέγεται
ὅτι ὁ Ἀρταπάτης, πιστότατος τῶν μετὰ τοῦ Κύρου ὤν, ἐπεὶ
εἶδεν αὐτὸν πεσόντα, ἀπὸ τοῦ ἵππου κατεπήδησεν, μάτην
20 ἐλπίζων βοηθήσειν αὐτῷ. καὶ οἱ μέν φασι βασιλέα κελεῦσαί
τινα ἀποκτείνειν τὸν Ἀρταπάτην ἐπὶ τὸν τοῦ Κύρου νεκρόν·
οἱ δὲ λέγουσιν ὅτι ὁ Ἀρταπάτης ἑαυτὸν ξίφει ἀπέκτεινεν.
καὶ ὁ Κῦρος αὐτὸς τόδε τὸ ξίφος τῷ Ἀρταπάτῃ πρότερον
ἔδωκεν, ὡς τιμήσων αὐτὸν διότι οὕτω πιστὸς ἦν.

Names

	Κῦρος -ου, ὁ	Cyrus
	Ἀρταξέρξης -ου, ὁ	Artaxerxes
	Πέρσης -ου, ὁ	Persian, Persian man
	Ἀρταγέρσης -ου, ὁ	Artagerses
18	Ἀρταπάτης -ου, ὁ	Artapates

Vocabulary

	ἥδομαι *aor* ἥσθην	I am delighted
	προσκυνέω	I bow down to
	ὥσπερ	as if
	τάσσω *aor pass* ἐτάχθην	I draw up
13	διασπείρω	I scatter
	ἐξαίφνης	suddenly
	ἐγγύς	nearby
	ἀδελφός -οῦ, ὁ	brother
	θώραξ -ακος, ὁ	breastplate
16	τραυματίζω *aor* ἐτραυμάτισα	I wound
	δόρυ -ατος, τό	spear
	πιστός -ή -όν	loyal, faithful
	καταπηδάω *aor* κατεπήδησα	I leap down
	μάτην	in vain

1 ὁ δὲ Κῦρος ... γενόμενον (lines 1-3):
   (a) how did Cyrus react to the sight of the Greeks winning?　[1]
   (b) what did the men around him do?　[3]

2 ὁ μέντοι Κῦρος ... βασιλεύς (lines 3-5): explain how Cyrus himself showed caution.　[4]

3 ὁ δὲ Ἀρταξέρξης ... προσβαλεῖν (lines 5-7): what did Artaxerxes do, and why?　[4]

4 τότε δὴ ... αὐτός (lines 7-9): how did Cyrus respond, and why? [4]

5 τοὺς δὲ ... ὀνόματι (lines 9-11):
   (a) which soldiers did Cyrus defeat?　[1]
   (b) what else is he said to have done?　[3]

6 Translate the rest of the story (lines 12-24) into good English.　[40]

[Total 60]

98   *How Xenophon (who took over as leader of the Greek army after Cyrus was killed) came to join the expedition in the first place.*

ἦν δὲ ἐν τῇ στρατιᾷ Ξενοφῶν τις Ἀθηναῖος, τῷ Κύρῳ
ἑπόμενος καίπερ οὔτε στρατηγὸς οὔτε στρατιώτης ὤν.
πρότερον γὰρ ὁ Πρόξενος, φίλος καὶ αὐτοῦ καὶ τοῦ Κύρου,
ἐπιστολὴν τῷ Ξενοφῶντι ἔπεμψεν, ἐν ᾗ ὑπέσχετο "ἐὰν μετὰ
5   ἡμῶν ἔλθῃς, καὶ σὺ φίλος τοῦ Κύρου γενήσῃ." ὁ οὖν Ξενοφῶν,
ἔτι νέος ὤν, τὴν ἐπιστολὴν δεξάμενος ἠρώτησε τὸν Σωκράτη
τί δεῖ ποιεῖν. ὁ δὲ ἐκέλευσεν αὐτὸν πρὸς τοὺς Δελφοὺς
ἐλθεῖν ἵνα τὸν θεὸν περὶ τῆς πορείας ἐρωτήσειεν. ὁ μέντοι
Ξενοφῶν εἰς τοὺς Δελφοὺς ἀφικόμενος οὐκ ἠρώτησεν "ἆρα
10   δεῖ με πορεύεσθαι;" ἀλλὰ τόδε μόνον· "τίνι τῶν θεῶν δεῖ με
θύειν ἵνα ἀσφαλῶς πορεύωμαι;"

ὁ οὖν Σωκράτης περὶ τούτων ἀκούσας ὠργίσθη διότι οὐ
πρότερον ἠρήτησε πότερον ἄμεινόν ἐστι πορεύεσθαι ἢ
μένειν. "ἐπεὶ μέντοι" ἔφη "οὕτως ἠρώτησας, δεῖ σε θύειν
15   κατὰ τοὺς τοῦ θεοῦ λόγους." ὁ οὖν Ξενοφῶν θύσας ἐπορεύθη,
οὐκ εἰδὼς τὴν πορείαν ἐπὶ βασιλέα οὖσαν· ἐνομίζετο δὲ ἐπὶ
τοὺς Πισίδας εἶναι. ὕστερον δέ, τὸ ἀληθὲς εὑρών, ἐφοβεῖτο
τὴν ὁδόν. καθεύδων μέντοι ἐνύπνιον εἶδεν, ἐν ᾧ τάδε
ἐγένετο· σκηπτὸς εἰς τὴν τοῦ πατρὸς οἰκίαν ἔπεσεν, καὶ διὰ
20   τὸ πῦρ πᾶσα ἡ οἰκία ἐλάμπετο. καὶ ἐπεὶ ἠγέρθη, ἐνόμισε τὸ
ἐνύπνιον καὶ ἀγαθὸν καὶ κακὸν εἶναι. ἀγαθὸν μὲν γὰρ ἦν
διότι ἐν κινδύνῳ ὢν φῶς μέγα ἐκ τοῦ Διὸς εἶδεν. κακὸν δὲ
ἐφαίνετο διότι ὁ Ζεὺς αὐτὸς βασιλεὺς ἦν, καὶ τὸ πῦρ κύκλῳ
ἐλάμπετο, ὥστε ὁ Ξενοφῶν ἑαυτῷ "ἴσως" ἔφη "ἐκ τῆς
25   βασιλέως χώρας οὐδέποτε οἷοί τ' ἐσόμεθα ἐξελθεῖν."

Names

	Ξενοφῶν -ῶντος, ὁ	Xenophon
	Κῦρος -ου, ὁ	Cyrus *(see Passages 96 and 97)*
	Πρόξενος -ου, ὁ	Proxenus
	Σωκράτης -ους, ὁ	Socrates *(famous philosopher)*
7	Δελφοί -ῶν, οἱ	Delphi *(oracle in central Greece)*
	Πισίδαι -ῶν, οἱ	Pisidians *(mountain tribe)*

Vocabulary

	καί ... καί	both ... and
	πορεία -ας, ἡ	expedition, march
	πότερον ... ἤ	whether ... or
	ἐνύπνιον -ου, τό	dream
19	σκηπτός -οῦ, ὁ	thunderbolt *(believed to be sent by Zeus)*
	λάμπομαι	I shine brightly
	ἐγείρομαι *aor* ἠγέρθην	I wake up
	φῶς φωτός, τό	light
23	κύκλος -ου, ὁ	circle
	ἴσως	perhaps

1 ἦν δὲ ... στρατιώτης ὤν (lines 1-2): what do we learn here about Xenophon? [4]

2 πρότερον ... γενήσῃ (lines 3-5):
(a) who was Proxenus? [2]
(b) what did he promise in his letter to Xenophon? [2]

3 ὁ οὖν Ξενοφῶν ... ποιεῖν (lines 5-7): how did Xenophon react when he received the letter? [3]

4 ὁ δὲ ἐκέλευσεν ... ἐρωτήσειεν (lines 7-8): what did Socrates tell him to do? [4]

5 ὁ μέντοι Ξενοφῶν ... πορεύωμαι (lines 8-11): explain in detail how Xenophon when he got to Delphi did not quite comply with the instructions he had been given. [5]

6 Translate the rest of the story (lines 12-25) into good English. [40]

[Total 60]

99   *Xenophon's soldiers after a very long overland march finally see the sea.*

οἱ δὲ Ἕλληνες <u>σταθμοὺς</u> τέτταρας ἐπορεύθησαν πρὸς πόλιν
μεγάλην καὶ πλουσίαν ἣ ἐκαλεῖτο <u>Γυμνιάς</u>. ἐκ ταύτης ὁ
ἄρχων ἔπεμψεν ἡγεμόνα, ἵνα ἄγοι αὐτοὺς διὰ τῆς χώρας τῆς
τῶν ἑαυτοῦ πολεμίων. ἐλθὼν δὲ ἐκεῖνος εἶπεν ὅτι ἄξει αὐτοὺς
5   πέντε ἡμερῶν εἰς <u>χωρίον</u> <u>ὅθεν</u> ὄψονται θάλατταν. "ἐὰν δὲ μὴ
τοῦτο ποιήσω" ἔφη "ἔξεσται ὑμῖν θανάτῳ κολάσαι με." καὶ
ἐπεὶ εἰς τὴν τῶν πολεμίων χώραν εἰσέβησαν, ἐκέλευσεν
αὐτοὺς καίειν καὶ διαφθείρειν τὴν γῆν· καὶ δὴ ὁ ἡγεμὼν
ἐφαίνετο διὰ τοῦτο ἐλθεῖν, μᾶλλον ἢ τοῖς Ἕλλησιν βοηθῶν.
10   ἀφίκοντο μέντοι ἐπὶ τὸ ὄρος τῇ πέμπτῃ ἡμέρᾳ· τὸ δὲ τοῦ
ὄρους ὄνομα ἦν <u>Θήχης</u>.

ἐπεὶ δὲ οἱ πρῶτοι ἀνὰ τὸ ὄρος ἀναβάντες εἶδον τὴν
θάλατταν, <u>κραυγὴ</u> πολλὴ ἐγένετο. ἀκούσας δὲ ὁ <u>Ξενοφῶν</u> καὶ
οἱ <u>ὀπισθοφύλακες</u> ἐνόμισαν ἄλλους πολεμίους <u>ἔμπροσθεν</u>
15   προσβάλλειν· οἱ γὰρ ἐκ τῆς καιομένης χώρας εἵποντο, καὶ οἱ
<u>ὀπισθοφύλακες</u> ἤδη ἀπέκτεινάν τινας αὐτῶν ἢ αἰχμαλώτους
ἐποίησαν. ἐπεὶ δὲ ἡ βοὴ πλείων ἐγίγνετο καὶ <u>ἐγγύτερον</u>, καὶ
πλείονες πρὸς τοὺς βοῶντας τρέχοντες ἐβόων αὐτοί, ὁ
<u>Ξενοφῶν</u> ἔγνω μεῖζόν τι ὄν. καὶ ἀναβὰς ἐπὶ ἵππον ἐβοήθει,
20   τοὺς ἱππέας ἄγων. καὶ δι' ὀλίγου ἤκουον τῶν στρατιωτῶν
βοώντων "θάλαττα, θάλαττα" καὶ <u>παρεγγυώντων</u>. ἔπειτα δε
ἔδραμον πάντες, καὶ οἱ <u>ὀπισθοφύλακες</u>. ἐπεὶ δὲ ἀφίκοντο
πάντες ἐπὶ τὸ <u>ἄκρον</u>, τότε δὴ <u>περιέβαλλον</u> <u>ἀλλήλους</u> καὶ τοὺς
στρατηγοὺς δακρύοντες. καὶ οἱ στρατιῶται <u>λίθους</u> φέροντες
25   ἐποίησαν <u>κολωνὸν</u> μέγαν. μετὰ δὲ ταῦτα οἱ Ἕλληνες δῶρα
παρέχοντες ἀπέπεμψαν τὸν ἡγεμόνα.

In this passage note the variant spelling -ττ- for -σσ- (τέτταρας, θάλαττα).

Names

Γυμνιάς -άδος, ἡ	Gymnias *(city near the Black Sea)*
Θήχης, ὁ	Theches *(mountain in the same area)*
Ξενοφῶν -ῶντος, ὁ	Xenophon

Vocabulary

	σταθμός -οῦ, ὁ	day's march
	χωρίον -ου, τό	place
	ὅθεν	from where
	κραυγή -ῆς, ἡ	shouting, commotion
14	ὀπισθοφύλακες -ων, οἱ	rearguard
	ἔμπροσθεν	in front
	ἐγγύτερον	nearer
	παρεγγυάω	I pass the word along
	ἄκρον -ου, τό	top, summit
23	περιβάλλω	I embrace
	ἀλλήλους -ων	each other
	λίθος -ου, ὁ	stone
	κολωνός -οῦ, ὁ	cairn, heap of stones

1   οἱ δὲ ῞Ελληνες ... Γυμνιάς (lines 1-2): what do we learn about this section of the march? [4]

2   ἐκ ταύτης ... πολεμίων (lines 2-4): how did the local ruler help the Greeks? [3]

3   ἐλθὼν ... κολάσαι με (lines 4-6):
(a) what did the guide undertake to do? [4]
(b) what did he say the Greeks could do to him if he failed? [1]

4   καὶ ἐπεὶ ... βοηθῶν (lines 6-9): explain in detail how it became clear that the guide had another motive. [5]

5   ἀφίκοντο ... Θήχης (lines 10-11): how did the guide nonetheless do what he had promised? [3]

6   Translate the rest of the story (lines 12-26) into good English. [40]

[Total 60]

100   *After many months of marching overland to the Black Sea coast, the suggestion of a different means of travelling home is popular with Xenophon's men.*

μετὰ δὲ ταῦτα οἱ τοῦ <u>Ξενοφῶντος</u> στρατιῶται, πρὸς τὴν
θάλασσαν ἀφικόμενοι, περὶ τῆς <u>λοιπῆς</u> ὁδοῦ <u>ἐβουλεύοντο</u>.
στρατηγὸς δέ τις, <u>Λέων</u> ὀνόματι, τάδε εἶπεν· "ἐγώ γε, ὦ
ἄνδρες, οὐκ ἐθέλω πορεύεσθαι ἀεὶ ὅπλα φέρων καὶ ἐν <u>τάξει</u> ὢν
5   καὶ τρέχων καὶ μαχόμενος, ἀλλὰ τούτων τῶν χαλεπῶν
παυσάμενος, ἐπεὶ θάλασσαν ἔχομεν, ἐν νηὶ <u>ὕπτιος</u> ὢν ὥσπερ
ὁ 'Οδυσσεὺς εἰς τὴν 'Ελλάδα ἀφίκεσθαι." ταῦτα οὖν
ἀκούσαντες οἱ στρατιῶται ἐβόησαν ὅτι εὖ λέγοι· καὶ ἄλλοι
τινὲς τὰ αὐτὰ ἔλεγον, καὶ πάντες <u>ἐπαίνουν</u> τὰ λεγόμενα. καὶ
10   οὕτως ἔδοξεν αὐτοῖς κατὰ θάλασσαν ἰέναι.

ἔπειτα δὲ ὁ <u>Χειρίσοφος</u> "ἔστι μοι φίλος, ὦ στρατιῶται," ἔφη
"'<u>Αναξίβιος</u> ὀνόματι, ὃς πολλὰς ναῦς ἔχει. ἐὰν οὖν πέμψητέ
με, ταχέως <u>ἐπάνειμι</u> ναῦς τινας ἄγων. ὑμεῖς δὲ ἐνθάδε
μένετε." ἀκούσαντες δὲ ταῦτα οἱ στρατιῶται <u>ἔχαιρον</u>, καὶ
15   ἐκέλευσαν αὐτὸν ὡς τάχιστα πλεῖν. τότε δὴ ὁ <u>Ξενοφῶν</u> αὐτὸς
εἶπεν "εὖ γε ποιοῦμεν τὸν <u>Χειρίσοφον</u> πέμποντες ὡς ναῦς
κτησόμενον. ἐγὼ δὲ ἐρῶ τί δεῖ ποιεῖν ἕως ἐνθάδε μένομεν.
πρῶτον μὲν οὖν δεῖ ἡμᾶς τὸ ἡμέτερον <u>στρατόπεδον</u>
φυλάσσειν, ἵνα οἱ πολέμιοι μὴ προσβάλωσιν. ἔπειτα δέ, διότι
20   ὀλίγον σῖτον ἔχομεν, δεῖ <u>ἐπιτήδεια</u> λαβεῖν ἀπὸ τῆς τῶν
πολεμίων χώρας. τέλος δέ, καίπερ τοῦ <u>Χειρισόφου</u>
πεμφθέντος, δεῖ ἡμᾶς ἄλλας ναῦς ἐνθάδε ζητεῖν, ἵνα <u>σαφῶς</u>
<u>ἱκανὰς</u> ἔχωμεν. καὶ πάντα ταῦτα ποιήσαντες, οἷοί τ' ἐσόμεθα
πρὸς τὴν 'Ελλάδα πλεῖν."

Names

	Ξενοφῶν -ῶντος, ὁ	Xenophon
	Λέων -οντος, ὁ	Leon
	'Οδυσσεύς -έως, ὁ	Odysseus
	'Ελλάς -άδος, ἡ	Greece
11	Χειρίσοφος -ου, ὁ	Chirisophus
	'Αναξίβιος -ου, ὁ	Anaxibius

Vocabulary

	λοιπός -ή -όν	remaining, rest of
	βουλεύομαι	I have a discussion
	τάξις -εως, ἡ	rank, military formation
	ὕπτιος -α -ον	lying down
6	ὥσπερ	just like
	ἐπαινέω	I praise
	ἐπανέρχομαι *fut* ἐπάνειμι	I return
	χαίρω	I rejoice
	στρατόπεδον -ου, τό	camp
20	ἐπιτήδεια -ων, τά	supplies
	σαφῶς	clearly, definitely
	ἱκανός -ή -όν	enough

1   μετὰ δὲ ταῦτα ... ἐβουλεύοντο (lines 1-2): what did Xenophon's soldiers do when they reached the sea?   [3]

2   στρατηγὸς ... μαχόμενος (lines 3-5): explain in detail what Leon said that he did not want to do.   [5]

3   ἀλλὰ ... ἀφίκεσθαι (lines 5-7): what did Leon say that he wanted to do instead?   [4]

4   ταῦτα οὖν ... λεγόμενα (lines 7-9): describe the reaction to Leon's proposal.   [5]

5   καὶ οὕτως ... ἰέναι (lines 9-10): what was the result?   [3]

6   Translate the rest of the story (lines 11-24) into good English.   [40]

[Total 60]

Appendix: Sources of passages

Section 1
passages based on:
1   Aesop *Fables* 156 (Perry)
2   Aesop *Fables* 146 (Perry)
3   Aesop *Fables* 70 (Perry)
4   Aesop *Fables* 46 (Perry)
5   Aesop *Fables* 210 (Perry)
6   Aesop *Fables* 124 (Perry)
7   Aesop *Fables* 142 (Perry)
8   Aesop *Fables* 9 (Perry)
9   Aesop *Fables* 140 (Perry)
10   Aesop *Fables* 258 (Perry)
11   Aesop *Fables* 225 (Perry)
12   Aesop *Fables* 173 (Perry)
13   Aesop *Fables* 200 (Perry)
14   Aesop *Fables* 31 (Perry)
15   *Vita* of Aeschylus
16   Theophrastus *Characters* 16
17   Apollodorus *Library* 3.12.5
18   Apollodorus *Epitome* 3.21-2
19   Apollodorus *Epitome* 5.14-21
20   Herodotus 2.118-19
21   Herodotus 1.1-2
22   Apollodorus *Library* 2.4.1-3
23   Parthenius *Erotica Pathemata* 10
24   Apollodorus *Library* 1.5.1   GCSE 1996
25   Aristophanes *Frogs*
26   Plutarch *Coriolanus*
27   Sophocles *Antigone*
28   Diogenes Laertius 1.101-2   GCSE 2010
29   Diogenes Laertius 1.101-2   GCSE 2010
30   Plutarch *Solon* 6

Section 2
passages based on:
31   Hesiod *Theogony* 507-616 and *Works and Days* 47-105
32   Ovid *Metamorphoses* 1.452-567
33   Apollodorus *Library* 2.1.4-5 and other sources
34   Ovid *Metamorphoses* 1.318-415
35   Apollodorus *Library* 2.4.8-2.7.8
36   Apollodorus *Library* 2.4.8-2.7.8
37   Ovid *Metamorphoses* 4.55-166
38   Ovid *Metamorphoses* 8.183-235

Section 3
passages based on:

Section 4

passages based on:

81	Xenophon *Cyropaedia* 2.4.16-18	
82	Herodotus 3.14	
83	Herodotus 3.34-5	
84	Herodotus 3.133-6	
85	Herodotus 6.52	
86	Herodotus 1.67-8	
87	Thucydides 1.126	
88	Herodotus 1.59-61	
89	Thucydides 1.89-92	
90	Thucydides 3.22-4	
91	Thucydides 3.2-49	
92	Xenophon *Hellenica* 2.1.23-8	
93	Xenophon *Hellenica* 2.2.7-23	incorporating GCSE 1993
94	Xenophon *Hellenica* 3.1.10-15	incorporating GCSE 1999
95	Xenophon *Hellenica* 4.5.3-18	
96	Xenophon *Anabasis* 1.1.1-6	
97	Xenophon *Anabasis* 1.8.21-9	
98	Xenophon *Anabasis* 3.1.4-12	
99	Xenophon *Anabasis* 4.7.19-27	
100	Xenophon *Anabasis* 5.1.1-11	